WHERE IS THE
NEW GROWTH POINT
OF CHINA'S ECONOMY?

中国经济的
"新增长点"
在哪里？

孙立坚谈中国金融改革

孙立坚◎著

ZHEJIANG UNIVERSITY PRESS
浙江大学出版社

目 录 | Contents

Chapter | Two

第二章 卷进世界金融危机的漩涡 / 43

Chapter | Three

第三章 市场过度还是政府过度? / 103

Chapter　|　Four

第四章　靠货币难以解决中国经济问题 / 139

Chapter　|　Five

第五章　中国经济的"新增长点"在哪里？ / 167

从 2014 年开始,中国经济将发生举世瞩目的历史性转变。中国新一届领导班子,将再次开启改革开放的大门,通过以政府自身职能转变为基石的"制度红利",来替代金融危机爆发以来一直所采用的、为避免中国经济硬着陆而实施的一揽子刺激经济的"政策红利"的方式,探索和确立中国经济增长的"大国战略"和可持续发展的健康模式。

2014 年虽然也强调政府的作用,也将继续采取积极的财政政策和稳健的货币政策,但是,其目的、内涵和做法将发生一些根本性的变化。因为随着各级政府开始重视资源配置过程中市场起决定作用这一经济发展的内在规律,财政政策将更多地用在支持推动经济发展的市场主体企业的减税、创新,便利其投资的公共环境的建设和各类民生事业的改善和发展项目,而且其中相当一部分要利用市场经济的工具来调动各类企业的积极性,通过它们的共同参与来加以实现,而不再是像过去那样靠宽松的货币环境和积极的信贷政策来加以支持。这样做带来的一大好处是,让我们的货币政策在未来全球流动性泛滥和突发性收缩的时刻,在国内实体经济投资信心不足而导致的"钱荒"和虚拟经济过度乐观导致的"钱多"并存的问题上,有更多的操作空间和引导市场利率健康发展的有效机制,从而缓解通胀、通缩的压力,乃至遏制住泡沫膨胀和危机爆发的系统性风险,以确保未来中国市场经济的活力久经考验、长盛不衰。

2014 年中国经济所面临的内外挑战依然不可小视。所以,刚刚结束的中央经济工作会议给我们未来一年定的总基调是"稳中求进"。因为从外部环境来看，不确定的因素依然挑战我们市场的信心和政府宏观调控的能力。这可以从以下几方面来归纳：

首先，美国经济虽然在稳步复苏，但 QE3（第三轮量化宽松政策）的退出，却没有明确的时间表，如果美联储采取"间歇式"的降低购买国债计划，而国债收益率又跟随市场退出的"预期"不断上升，那么，很有可能美元会间歇式地升值，大宗商品会间歇式暴跌，而且，国际资本也会出现间歇式的"大退潮"现象，从而导致包括中国在内的新兴市场国家，遭遇像 2013 年印度和印度尼西亚那样的金融市场受冲击的问题——其危害程度取决于金融市场的开放度、本国金融体系的发展的成熟度和经济活力的覆盖面。开放度越大，市场越脆弱，经济活力越低迷，则股价暴跌的概率就越大。

其次，发达国家的低息政策不会轻易改变，因为它们今天面临的就业压力和债务负担使得它们更倾向于接受"弱势美元"、"弱势日元"乃至"弱势欧元"的货币结构。尤其是日本和欧洲经济依然疲软，更会导致向中国市场的套息交易的资金，随着它们坚持宽松的货币政策不变而不断增加，从而"常态下"的外汇占款和人民币升值的压力将有增不减，直接考验我国货币政策和外汇管理战略的有效性。

最后，若发达国家的就业水平处于持续低位的状态，无法在新的一年中得到快速解决，各种形式的贸易保护主义和单边市场开放的要求，会导致我国企业和产品"走出去"的成本和风险日益增加，这反过来也会挑战我国监管体系的运行效率和中资企业的竞争力。一句话，中国未来"稳中求进"战略的运行效果，将完全取决于我们自身增长方式的转变能力和融入国际市场所需要的务实大胆的推进方法。

但是，我们自身今天也受到了过去引以为豪的"四大红利"减弱和社会大众高度关注的内需不足的"三大障碍"所带来的诸多问题的挑战。如果不正面解决这些问题的话,别说未来"增长方式"的转变会受到很大影响,就连我们要摆脱现在国内实体经济"钱荒"和虚拟经济"钱多"的并存问题也会变得举步维艰。针对每一项挑战,我想结合中央经济工作会议的精神和党的十八届三中全会报告所提出的各项改革开放政策的内涵,提出以下几点建议:

第一,"人口红利"尽管不能再像以前那样以低劳动力成本的优势再现,但是,随着新型城镇化的建设,在摆正政府和市场的关系后,劳动力的资源还会不断涌现,只要我们在户籍政策、企业税收政策、生育政策和土地改革政策上不患得患失,大胆改革、稳步推进,那么,在目前中国经济的发展阶段,贸然放弃中国制造业的竞争力,将无法从根本上解决中国贫富差距、充分就业的问题。即使退一万步来说,今天很多从事制造业的中小企业,在外部市场消费能力还没有恢复以及中国社会大众内需能力不足的情况下,确实无法承担"民工荒"所带来的高成本、挤压利润的压力,但是,如果我们从眼前大学生"就业难"的现象中找到中国经济储藏着的另外一个宝贵的"人口红利",只要我们年长的企业家和年轻的未来的职业经理人之间,通过外部的制度建设和内部的激励机制设计,形成一种充分的信任关系,那么,多元化的致富模式——靠差异化标准和技术的打造,再加上价廉物美的商品和服务的成本优势,中国经济就会在盘活两种"人口红利"的基础上越战越强。

第二,"全球化红利"虽然再也不能让中国这样一个世界第二大经济体仅仅靠不断增加货物出口来创造,但是,如果我们今后能够通过更加务实创新的自由贸易区的建设,来推动中国企业和世界企业继续在一个开放的环境中公平竞争、相互合作,中国的金融业也能够与时俱进,满足各类企业的金融服务需求,那么,中国经济的"全球化红利"将变得更为丰富,其结构也将变得更为合理。它表现在:货物贸易与服务贸易之间、实业发展和金融发展之间、民企和国企之间、中资和外资之间找到新的增长点和平衡点,从而像过去 30 年那样,继续创造出中国经济增长的新奇迹。总之,只要我们自身的功夫练强了,别人的"游戏规则"再怎样变化,我们也会像中国乒乓球健儿那样,不管是大球还是小球,都能以精湛的球艺和球风称雄世界乒坛!

第三,"资源红利"的瓶颈已经让所有的海内外企业都在不同程度上遭遇了极大的挑战,尤其是新兴市场国家在崛起时面临全球变暖的挑战,很多丰富廉价的资源,比如中国的煤炭资源,今天已经无法再像过去那样大规模地投入工业生产,而不可再生资源的创造也因为市场需求的不稳定让中国付出了较大的代价。中国今后要密切关注欧美市场所进行的一场关于"资源标准"的竞争,防止过度投资所造成的"产能过剩"。中国也要联合新兴市场国家,争取能够让更多发达国家的环保技术无偿或低价转移到新兴市场国家来,以弥补它们前期发展阶段所造成的环境恶化的后果。另外,我们自身的节能减排工作也要落到实处,避免让已经变得不断稀缺的"资源红利"再被无端地占用和浪费。

第四,"政策红利"虽然在金融危机爆发后发挥了不可磨灭的积极作用,但是它留下的后遗症已经让新一届政府感到了前所未有的挑战。比如,地方政府同质化的投资和恶性竞争导致很多基础性产业"产能过剩";积极的财政政策和宽松的货币政策助长了地方投融资平台的蔓延,而且在"土地财政"的推动下问题变得越来越棘手;大量低效的投资不仅占用了宝贵的人力资源和物力资源,也增强了全社会对未来的通胀预期,进而导致人们一味地去追求投资回报的上升,以防范货币购买力的下降问题,却根本无视投资风险的存在和积累。这样发展下去,越来越高企的资金成本,无法真正去支持实体经济的结构调整,反而助长更多企业把产业资产带到了他们根本不擅长的金融投资领域。

所以,本届政府以开放倒逼改革的胸怀,将通过放权、放松管制、引入竞争等"制度红利"的方式,来全面推进中国经济的市场化建设,让市场在资源配置过程中发挥决定性的作用。为此,在扶持企业创新、强化义务教育方面,政府应投入更多的公共资源,以确保高附加值的产品和服务应运而生,大众创造财富的能力和由此带来的消费水平日益上升。同时,为了配合健康高质量的供求关系得以发展,政府还应该进一步完善"知识产权保护"的制度并强化其落实工作,而且要更加鲜明地确立"公民财富和产权保护"的意识,只有这样,提高政府的行政效率才能充分发挥积极作用,否则还是治标不治本。

第五,中国内需不足现象主要源于和民生密切相关的"三大障碍"问题:一是"没有钱消费"。由于中国大众工资性收入偏低,财产性收入匮乏,再加上各种税费居高不下,社会整体的消费能力受到了很大的影响,所以,政府希望通过产业升级、新型城镇化建设、收入分配制度的优化等措施来提高城市和农村居民的可支配收入的增长。另外,完善金融体系的制度建设也是未来政府加大改革力度的重要环节,从而确保金融创新的业务能带给消费者财富增长的实惠,以此来提升中国大众整体的消费能力。二是"有钱不敢消费"。具体而言,如果医疗、教育、养老、住房等民生问题得不到解决,中国社会就会出现过度储蓄、消费不足、贸易顺差不断扩大的失衡问题,长此以往,就会严重制约企业的生产能力和政府货币政策的有效性。从某种意义上讲,今天不少居民过度投资房地产,其"动机"就是想"靠房养老"、"靠房养病"。另外,一旦"三公消费"被叫停,社会过度储蓄的生活方式又重现"原形",这会导致中国经济增长后劲严重不足的问题。坦白地说,今天这届中央政府对民生问题的重视已经达到了前所未有的高度,接下来很多相关的改革,都被当作是"重中之重"的工作来推进。三是"有钱不在国内消费"。今天中国最有消费能力的群体尽管是少数,但他们却选择在海外消费,而在中国投资。如果我们市场自身的诚信问题、过度保护问题、仇富的偏激心态问题以及企业自身差异化的生产能力问题得不到很好的解决,那么,"藏富不露"的生活方式就会大大减少中国经济的市场活力,甚至可能还会增加资产泡沫的系统性风险。

总之,只要我们能够尽快撬起13亿人口的内需市场,中国经济良性循环的发展空间就会变得越来越大,中国政府在世界舞台上为中国大众争取应有的全球化红利和负起我们能够承担的大国责任,也就会越来越有底气。但是,如果无视现在发展的约束条件，拖延改革的大好时机，只满足于当前"治标"的政绩工程，而不顾"不治本"所带来的未来"积重难返"的风险，尤其是在错综复杂的内外环境下好高骛远、急于求成，那么，结果一定会事与愿违，得不偿失！

为了让读者能更好地理解笔者上述的"忧患意识"，看清楚我国目前所面临的各种错综复杂的挑战和千载难逢的发展机遇，从中摸索出一条适合中国经济可持续发展的"新增长点"，本书分五个部分来介绍笔者近几年的相关研究成果：第一部分指出中国金融市场的脆弱性和对经济发展的制约因素；第二部分揭示全球金融危机对中国经济产生负面冲击的传导机制；第三部分阐述政府和市场的互动关系对资源配置的效率所产生的影响；第四部分剖析应对来自外部的干扰，中国宏观调控政策的局限性；第五部分强调处在世界第二大经济体位置的中国的"结构调整"的重要性。

最后笔者要特别感谢蓝狮子财经出版中心团队对我研究成果的细心整理和大力帮助，使得我在繁忙的工作节奏中，能够奉献给大家这本反映了我平时对中国经济问题独立思考的文集。虽然本书中的一些文章现在看来还有很多深化和改进的空间，但是，根据当时掌握的信息量和对问题认识的直觉感，我对书中自己阐述的观点迄今为止还充满了和写作时一样的成就感。即便如此，我还是满怀感激的心情，非常期待来自我熟悉的学生、朋友和家人对我书中观点直言不讳的批评，也十分希望得到一直关注我但还未见过面的热情读者的无私教诲。

我想把这本书献给一直默默支持我工作的妻子，以及在美国读书并经常用批判的眼光挑战我的思路，逼我与时俱进的女儿。

孙立坚

2013 年 12 月

Chapter One | 第一章

尴尬的中国金融市场

中国还剩下多少"入世红利"？[①]

　　在 2011 年 12 月 11 日，在北京人民大会堂召开的中国入世 10 周年的高层论坛上，胡锦涛总书记、拉米总干事长、素帕猜秘书长等海内外领袖人物，都一致高度地认同了中国是加入世贸组织的最大赢家之一，也是对世界经济的发展贡献最大的国家之一，他们的重要讲话中都直接和间接地提到了中国经济未来开放与发展对世界经济繁荣所发挥的至关重要的意义。尤其是胡总书记的重要讲话中，多次强调了中国是一个负责任的大国，会将今后"增长方式"的转变动力和由此带来的巨大的投资和商业机会，通过更加坚定不移的对外开放政策，与爱好和平、共赢发展的世界各国人民一起分享。

　　我听后感触很深，不由得想起自己前两天在青浦举行的"上海总部经济高峰论坛"上所作的讲演。我主要谈了三个问题：第一，未来全球经济的不确定性正在挤压中国增长的"入世红利"。第二，上海"总部经济"的"转型建设"所面临的深层挑战。第三，"总部经济"要长期探索"全球化"的新视野。在听了今天决策层的重要讲话后，更是看到了未来中国的发展机遇和所面临的重要挑战。这里将我那天演讲的内容稍作修改，与大家共同分享和深入探讨。

[①]　本文首次发表于 2011 年 12 月 12 日。

一、未来欧美大国经济的疲软及其对中国经济的影响

2011年来到了岁末关口,世界经济的不确定性越来越浓厚,未来对中国经济融入全球化的战略要求变得越来越高。

首先,欧债危机问题由于欧洲主要债权国的利益分歧,正在从一个区域的债务违约问题演变成全球金融市场的流动性危机的严峻状况。一旦发生这样的恶果,负面影响程度可能会超过2008年雷曼兄弟倒闭时的恐慌状态。

这两天,不仅"欧猪五国"的国际金融市场的融资能力和自救可能性丧失殆尽,而且严重牵连到德法英为代表的欧洲金融机构的融资成本,甚至已经开始影响到国际金融市场日常业务循环所需要的流动性。美联储和欧洲央行等六大银行对市场紧急注资的联合救市举措就充分证明了问题的严重性,好在上周末的欧盟会议中,出现了欧洲央行降息和德法有条件的联合救助的"利好"材料,一定程度上会起到短时间抚平市场恐慌的效果。但是,欧元机制内在严重的缺陷、德法英主要欧盟国家在2008年受到金融危机重创后,尤其是到了大选的前夕,变得更加斤斤计较,国家利益至上了,所以,救助的方式、力度和时机都很有可能不到位,从而导致市场投机力量越来越猖獗,市场"避险情绪"越来越浓厚,最终引发非常严重的全球性流动性危机,反过来会直接威胁到欧元机制生存的问题。上个星期人民币汇率的大跌也充分释放了大量海外资本"现金为王"的投资战略开始日益显现的强烈信号!只不过它提醒和检验了今天人民币地位的高低特征——事实上,危机后人民币一直处在增值的通道上,这并不意味着人民币的地位在日益提高,而是全球流动性泛滥所导致的对人民币投机需求日益旺盛的结果。幸好目前人民币国际化的进程仅仅停留在离岸市场上,在岸市场的资本账户自由兑换和人民币汇率的市场化进程还没有到由国际游资"说了算"的地步。从这个意义上讲,今天人民币汇率的连续贬值只是释放了过

去投机需求和贸易保护主义抬头所带来的大幅升值的压力,从而给未来抗衡人民币进一步升值的可能性留出了宝贵的空间。另一方面,让我们庆幸的是,它在暂时提升了中国企业出口竞争力的同时,并没有像当年东亚危机那样,冲击到国内的金融体系稳定和外汇储备大量流失的格局。

其次,美国在政府付出了巨大的救市代价后(即赤字财政的发债规模已达到了法律限制的红线,而货币政策下调利率的空间也因为零利率而穷尽了),把解决问题的方式依托在直接影响中国等债权国利益的货币数量扩张的手段上了。

更为严重的是,早在 2001 年就积累的美国国内贫富差距的深层次问题,今天再次以"占领华尔街"的示威游行方式更严重地凸显了出来。当年,为了摆脱 IT 泡沫过程中所形成的日益恶化的贫富差距问题,美国政府为了赢得大选,处于当政的有利地位,采取了超宽松的货币政策和放低贷款条件的融资方式,导致了直到 2008 年才爆发了让房价泡沫破灭的"次贷危机"。现在,再次凸显的贫富差距问题不仅这几年没有缓解,反而更加严重。美国有一部分右翼政客就利用媒体宣传渠道笼络不知情的社会民心,把其责任推向了与美国之间有巨大的贸易顺差的中国头上,责怪中国的外汇储备回流美国,催生了他们国家房地产的泡沫,让他们今天无家可归,责怪中国用不公平的人民币汇率水平进行"低价倾销"从而导致了他们失去工作岗位,丧失收入与福利保障。然而,他们却很少谈到中国改革开放和参与全球化分工(加工贸易的特征)在入世后给欧美消费者和跨国企业带来了巨大的利益增长的好处。

所以,从以上的情况来看,2008 年以欧美为主要市场的出口增长方式很难再成为中国经济发展的动力。而且,过去亚洲经济的繁荣和对中出口增长的迅速也是借助于中国加入 WTO 和成为世界加工厂的地位而得以实现的。今天,若中国政府刺激经济的救市力度减弱和中国内需增长有限的状况下,东亚经济的增长也随之放慢了下来。从而全球各个方面要求中国负起大国的责任,将入世十年所获得的"全球化红利",通过"扶持内需,开放市场,公平制度建立"的方式"再还原"给世界的呼声开始变得越来越大。为此,中国政府挖掘"转型红利"的迫切性也随之变得越来越高。

二、上海"总部经济"建设将面临"转型"所带来的新挑战

上海经济所代表的一线城市的飞速发展和中国经济繁荣的步伐完全一致,充分分享了入世给我们带来的"全球化红利"、劳动大军流向城市的"人口红利"、国家给予的先行先试等特殊政策所造就的"制度红利"和改革开放环境中维持高速增长所仰仗的海内外"资源红利"。但是,很多海内外的经济学家都预测,在未来在一个较长时期里不可再生的"人口红利"和"资源红利"等,都会严重地拉扯着现有中国经济增长方式的"后腿",即使是全球化红利和制度红利,如果不改变现有思路,也可能会让中国未来陷入由于增长停滞、社会矛盾激化所导致的"中等收入的陷阱"。

因此对于率先要求转型的上海等沿海和中心大城市而言,首先要提高危机意识和责任意识,然后才能在"制度红利"的推动下站上我们所期待的产业链的高端位置。为此,我们主要应该从以下几方面着手。

第一,未来国家创造的"制度红利"主要应该着眼于打造一线城市的"软实力"上。

如果没有自己的研发能力,我们就不可能打开企业的盈利空间,就不可能平衡服务经济发展所带来的要素成本上升的问题。为此,"知识产权保护"就显得日益紧迫和重要。否则,入世后形成的中国产品和世界的对接优势,不可能轻易地就转变为"后危机时代"中国技术和世界对接的良好格局。

另外,提高服务意识直接关系到中国的人力资本发展战略的实施程度,直接关系到服务经济顺利运行所需要的高效率水平。而这一切又和国民教育水

平直接相关。所以,未来政府在教育行业的投资和产学研结合的教育理念的改革都应该大大加强。否则,我们的研发能力就只能停留在"自娱自乐"和"打造形象工程"的水平上,根本不可能产生由知识进步和创新能力所带来的世界公认的、靠品牌和专利创造价值的跨国大企业!

服务经济的"软实力"很大程度上是在考验政府的办事能力和行政效率,这一点中国在加入世贸组织后,情况有了很大程度的改观。但是,在要素市场上,如何解决社会大众的后顾之忧(社会福利、价格合理等),如何通过改善收入分配的合理机制来提高全民的财富价值,这都是未来中国转型必须提供的"制度红利"。否则,我们无法保证服务经济发展所需要的坚强稳定的市场基础。

当然,服务经济竞争力常青的秘密在于高额的"要素收益回报"得以保证的机制设计。因为只有人力资本的市场价值得到充分肯定,才能创造由品牌和专利所带来的要素投资的高额回报。而做到这一点,首先要产权界定清晰,在此基础上要对参与服务经济的各方主体的产权做到严格保护。否则,创业者、投资者和消费者的利益一旦被侵害,再有多高的购买力也无法在这样的市场上找到他们所需要的高附加价值的产品和服务方式。所以,目前中国中高收入阶层的群体不在国内大额消费的原因可能就和此问题有密切的关系。

第二,以改革开放为龙头做"实"服务业。

以"总部经济"建设为例,它是一个地区"产业集群"发展到知识经济、信息化以及企业组织变革的背景下所出现的一种高级状态。由于聚集的都是企业总部,处于研发、营销等产业链的高端环节对服务质量和制度完善以及产业的辐射能力都有非常高的要求。一旦这些软环境指标没有达标,就很有可能出现总部经济"硬件化"和"空心化"的现象。比如楼宇经济过度膨胀所带来的商业成本急剧增加以及资金过度泛滥所造成的金融投机现象挤出产业资本的问题。

另外,发展包括总部经济在内的服务经济,最大的软肋就在于它具有强烈的"顺周期"特征。也就是当经济繁荣和产业发展的时候,高附加价值的服务产业也迅速繁荣起来。但是,一旦实体经济进入周期性的向下调整阶段,那么,严重依托于实体经济的服务行业就会出现迅速萎缩的现象,越是高端的服务业,这一特征就越明显。比如,迪拜危机和希腊危机的最大原因,就是他们国家缺乏"抗周期"和"逆周期"的产业(比如,与民生息息相关的农业和制造业),一旦旅游业消沉,高附加价值产品和服务没有市场需求的时候,他们就会凸显出各种结构性的问题(债务危机就是一种最极端的恶劣表现)。所以,从这个意义上讲,今天我们在打造总部经济的时候,首先应该考虑的是它所需要的产业辐射体系和制度优化机制,而过度地去发展楼宇经济和会展中心都有可能把总部经济建设变成楼宇建设或高级假日酒店服务。而且,这种没有生产力的负债建设会给本国金融体系带来巨大的伤害。

第三,力争全国上下"一盘棋",从而避免产业升级过程中带来的地方之间利益冲突的问题。

众所周知,制造业的发展更多的是取决于成本控制和市场份额的拓展,尽管先进的制造业有通过品牌和专利建设来获取利润的优势,但是"性价比"的竞争是绕不开的。而高端服务经济的发展,更多的是依靠人力资本的大力投入来获取高附加价值的品牌和专利所带来的丰盛的收益回报,如果吝啬人才的工资发放水平,忽视应有的激励机制来谋求如同制造业那样的价值创造方式,那么服务业一定会走向死胡同。所以,伦敦为了发展服务业而放弃了制造业,美国为了谋求高附加价值产业的竞争力而把制造业移到了海外。相反,日本经济在20世纪80年代后期既想保持制造业的竞争优势,又想利用日元的升值来强化服务业的发展,结果因为商业成本的上升和没有做实服务业,从而导致了产业空心化、楼宇经济的泡沫化和由流动性泛滥所引起的股市泡沫现象。今天,我们要吸取发达国家成功的经验和失败的教训,充分利用中国经济各个地区发展水平的差异化和资源禀赋所塑造的比较优势的异质性来缓解大而全的封闭经济发展模式所造成的缺乏国家竞争力的巨大缺陷。否则,在同一地区产业升级过程中所出现的制造业和服务业的冲突问题,或者不同地区搞同质化的产业升级战略所带来的恶性竞争的现象都会严重消磨总部经济建设中"积聚效应"的形成所需要的空间和时间。最好的做法应该是全国上下都基于自己的比较优势来布局产业的发展战略,不要都一窝蜂地去搞同样的由政府提出的新型战略产业,而应该努力克服地方主义的封闭思想,加强地区间的相互合作,充分打造总部经济与制造基地之间功能互补的良性循环机制。

与内地相比,上海等一线城市拥有鲜明的"基础条件、商务设施、研发能力、专业服务和开放程度"等比较优势,所以,完全可以在满足各类企业对总部经济所提供的现代服务业需求的前提下,努力去打造一个兼顾"战略决策功能,投资运营功能,研发设计功能和营销功能"的"混合型"服务高地,从而最大限度地发挥总部经济集聚区给上海等一线城市的可持续发展带来的积极作用,尤其是对上海而言,具体反映在它能够依托"四个中心"建设、完成上海未来成功转型的重任,打下坚实的物质基础。

三、开拓高附加价值的产业必须立足于"全球化"的新视野

加入世贸组织后,依赖飞速增长的进出口规模,中国跃居成为世界经济的第二大国。但是,对于超过人均收入 1 万美元的上海而言,继续依靠以往的"四大红利"来谋求高增长就显得越来越困难了。但是,尽管有了人口红利和资源红利的约束,但是,配合上述的"制度红利"创造,我们还需要谋求"全球化红利"的大国发展战略。这主要反映在以下两个层面上:

一方面,我们要在今后积极的国际合作中,努力将中国为区域发展和世界繁荣作出贡献并将谋求共赢发展的游戏规则"带出去"。我们注意到,欧美发达国家非常注重参与世界"游戏规则"的制定,以使自己国家的利益最大化。最

近,美国在亚洲推动 TPP 的合作,就是因为美国想开辟一个新的亚太合作机制,来充分彰显美国产业在这个地区的竞争力,从而期待从这个高储蓄、高增长的地区中获得他们高收益的最终目的。

另一方面,我们还要大力鼓励资源型和市场开拓型的企业"走出去",主动去寻找和世界共赢又为中国可持续发展带来积极贡献的商业机会。尽管在这个问题上,我们遇到的更多的是来自欧美发达国家针对中国设置的政治壁垒,但是,只要我们坚持自由贸易的理念,坚持不懈地运用外交和民间的渠道来谋求和谐互助的机制,那么,至少会有越来越多的国际友人理解中国的发展对世界经济繁荣的意义。

另外,在此基础上,我们还是要不断坚持自由贸易和实物投资的理念,反对任何政府中的右翼势力所设置的贸易保护主义的壁垒,从而将国内外企业进出口和立地战略的选择权真正交给有序发展的市场来完成。同时,我们也要把改革开放之手延伸到我们自身产业链的上游,尽管这场欧美的金融危机没有严重侵蚀到国企和央企集中的资源型行业和金融、教育等要素市场,其中有些企业反而凭借过保护和垄断的优势,形成了巨大的资产,进入到了世界 500 强企业行列,但是,这些企业和入世 10 年来率先开放的下游制造业,尤其是在其中顶风破浪还坚持到现在的民营企业和国际跨国公司相比,无论是在开放环境下独立的市场竞争力方面,还是在创新动力方面,都有明显的差距。

总之,大城市目前在推动的"总部经济"建设,能否在当今欧美经济剧烈动荡中迅速成长起来,能否形成既能让服务经济做"实",又能覆盖国内全域的产业辐射网络,能否利用已经集聚到我们身边的世界 500 强企业和机构的比较优势,形成世界共赢的高端服务业,关键取决于我们产业开放的深度、产权意识明晰的机制、公共服务的理念和以人为本的"制度红利"以及公平竞争所带来的"全球化红利"。

人民币连续升值"意味"着什么?[①]

2010 年 9 月 14 日,中国外汇交易中心公布的人民币对美元汇率中间价上升 131 基点,达 6.7378,银行间即期市场收盘报 6.7463,双双创出 2005 年汇改以来新高。至此,人民币对美元汇率中间价已连续三个交易日创下汇改以来的新高纪录。这是否意味着人民币汇率制度改革已经到了"成熟阶段"? 是否像今天美国一些议员所坚信的那样,中美贸易顺差解决的关键问题就在于人民币汇率的升值调整? 关于此类问题,我认为人民币汇率升值调整绝对没有那么简单。其理由我已经在 2010 年 6 月 22 日对媒体的长时间采访中做了较为系统的回答。下面是我将自己的回答整理出的文字材料,供大家参考。

问:人民币汇率为什么会在此时出现升值? 你怎么看待这件事情?

答:我个人认为,我们目前还不能把人民币汇率升值和改善中国对外贸易收支不平衡这两个问题简单地衔接起来。尽管很多外国政府和企业人士似乎都把中国今天的汇率制度变化理解为是中国政府在"外压"下终于迈出了对世界经济失衡问题作出调整的第一步。

我的理由是,即使人民币汇率暂时被市场的供需力量推高,进口产品的价格因此而下降,但是中国经济的发展结构和国际大宗商品市场的定价机制所产生的消费品进口增加和原材料人民币价格下降的趋势将十分有限。因为尽管进口品的东西变得便宜,从而老百姓选择消费品的偏好开始增强,但是,由于中

---

① 本文首次发表于新世纪财新网,2010 年 6 月 22 日。

11

国消费者人均收入和欧美发达国家相比相差甚远,以及中国社会保障和福利功能的欠缺,导致人们防范未来大额支出所进行的储蓄倾向居高不下。另外,中国消费环境和服务水平不尽完善,也导致中国富裕阶层在国内消费的倾向也很有限(即使对进口商品),所以,人民币汇率升值所带来的贸易改善效应将十分有限。相反,欧美国家的经济逐步复苏,却使得中国企业的出口有增无减。

欧美市场的消费实力和中国经济目前的所处的发展阶段,客观地增强了中国企业转嫁进口原材料成本的能力——这是由于大宗商品的定价权在欧美市场,所以,大宗商品价格的上涨会搭上人民币增值的"便车"(甚至人民币升值速度赶不上大宗商品价格的上涨程度和速度),而我们的高成本虽然不能像我们所期待的那样靠人民币升值来吸收,但它还是会慢慢地被不断恢复的欧美国家的消费和投资能力所吸收。结果,我们也会像韩国和日本当年汇率增值反而促进贸易顺差的情况一样,贸易收支的不平衡会越来越厉害,说到底,中国目前对外贸易顺差改善的推动力不在汇率问题上(人为的调整作用也很有限;当然,我们无法想象中国政府在无法实现以内需支撑经济结构的今天,会选择让人民币大幅升值的做法,从而倒逼中外企业离开中国市场或被迫停产,客观上带来了高代价的改善中国对外贸易顺差的结果),而是在于欧美经济的萧条所导致的购买力下降的问题上(这也是现阶段中国经济发展所反映出的消费能力不足的具体表现)。

问:照您这样说,中国目前消费能力有限的经济结构使得汇率升值不一定会带来明显的影响贸易的负面效果,那么,为什么我们对汇率的改革会放到现在才启动?

答:关于时间的选择,我待会儿再说,但是,弹性幅度加强后所带来的人民币汇率升值的负面冲击问题是中国政府和央行不得不考虑,也是需要事前作好应对准备的因素。我认为最大的挑战可能在于产业空洞化!当市场对人民币增值的预期不断强烈的时候,企业会因为中国市场消费能力的有限,出口形成的美元资产的萎缩,在国内经营的、以人民币标价的相对成本不断上升等负面因素,不得不走出国门,寻找降低成本而又不影响最终利润的海外投资方式,于是,中国企业在国内释放出来的失业大军就会增加。即使留在国内的企业和个人的信用条件也会不断恶化,如果想改变这一格局,继续保持自己财富的增长,那么,就必然要把自己的人民币存量资本投资到被人民币升值所推高的金融市场中,追求隐藏巨大风险的高收益资产,从而在这类资产中形成严重的泡沫。日本当年的"广场协议"就出现了这样的格局,而日本政府为了挽回自己产业空洞化的不利局面,不断投放货币,靠汇率再贬值来追求本国出口的竞争力,最后,这样的努力非但没有召回本币升值预期强大的企业,而且,还把过剩的流动性送进了金融市场,进一步催生了房地产和股票市场的双泡沫现象。短时间内,企业利润被资产市场的财富效应所包装,失业人群也开始被自己非常陌生的金融产品零售企业所吸收。这完全形成了金融资本绑架产业资本的格局。所以,本币升值非但没有改善日美贸易收支的不平衡结构,反而让日本饱受了由于本币升值和货币政策力图"对冲"汇率升值所带来的资产泡沫崩溃的恶果!直到今天,日本政府抗衡日元剧烈升值的能力也是十分脆弱的。

问:那么,今天人民币汇率弹性增加的决定是否意味着我们的央行已经做好了充分的思想准备来应对可能出现的负面效应呢?

答:有几点可以说明,将人民币汇率弹性调整放到现在进行,这样的"选择"尽管多少有些"不情愿",但还是基于比较理性的判断之上的。

首先,房地产市场出现整顿以后,价格向下调整的趋势日益明显,选择现在来做汇改,风险相对要低一些,因为受此影响而出现的热钱和中国自身投机资本的离场,大大缓解了人民币升值所带来的对资产泡沫火上加油的推动作用。

其次,国际金融市场的动荡造成美元升值的趋势非常明显,所以,我们充分利用一揽子汇率的价格形成机制的有效方法,让人民币汇率与处在危机中的日益增值的美元汇率脱钩,从这个意义上讲,现在弹性调整人民币汇率不仅没有降低我们企业的竞争力,反而改善了我们因人民币汇率挂钩美元所带来的竞争力下降的格局。当然,不能否认,一旦经济恢复,美元重新步入贬值通道,造成人民币有效汇率升值的格局,那时,我们可能还得调节一揽子汇率来保持中国出口企业的相对竞争力。而且,即使调整成本较大,从而不能让我们充分去对冲汇率的升值,我们也还是会看到,人民币汇率调整的压力会因为欧美市场经济的复苏而大大缓解。

再次,即使短期内弹性改革会带来人民币升值的实际效果,但是它所带来的通缩效应会部分缓解目前在商品市场上有所抬头的通胀水平。

最后,为了缓解中外决策部门、学术研究部门和进出口企业对人民币汇率改革战略的误解(所谓永远依靠低估人民币汇率来争夺世界的财富的谬论),在如今的"敏感"时期(美国议会刮起施压中国人民币升值的旋风)作出行动上的回应,以此争取中国市场经济的地位和外部贸易投资的环境改善,这可能更有利于中国企业在世界经济舞台上体现竞争力(避免过度的贸易争端)。

问:孙教授,不少海内外学者都有这样的看法,说让人民币汇率升值有利于中国经济结构的调整和区域经济的平衡发展,你是怎样看待这一观点的?

答:我不太同意这样的观点,尤其是今天涉及中国产业和相关企业的结构调整问题时,我觉得主要的问题是我们不能超越经济发展阶段所带来的客观约束条件,要求中国的企业和产业也像欧美国家一样,在完全的市场上借助汇率等价格信号来调整自己的产品结构,进而产生产业结构和区域经济结构发生"质变"的附加效应。因为中国企业的结构调整和区域经济发展的平衡,既需要我们有一大批非常优秀的人才和保证技术创新的法律制度环境,又需要有一个非常具有深度的金融市场来分散产业结构调整所带来的各种可能的风险,更需要打破垄断和地方保护主义所造成的破坏市场公平竞争的扭曲环境。如果这样的市场环境得不到改善,人民币升值的负面效应是不能小视的。也就是说,在企业和个人转型以及移动成本非常高昂的情况下,人民币升值非但没有出现结构健康调整的格局,反而因为中国经济发展阶段所决定的出口导向的增长模式受到严重的破坏,从而可能造成中国经济严重的通缩现象,这会进一步影响市场的悲观预期,从而使人民币有步骤的市场化改革变得更加艰难。

所以,我们今天在非常复杂的国内外环境下,选择了目前较为"合适"的时机来推动人民币汇率的弹性,更应该在目前汇率改革的负面影响相对较小的环境下,加快其他经济改革和发展的步伐。同时,我们一定要控制好汇率调整的方向,不能一味地升值,也不能不重视中国经济结构的约束条件而大幅升值。归根结底,经济发展和经济结构调整是不可能靠汇率调整来实现的。最多它也只是一个锦上添花的因素。从这个意义上讲,要想彻底改变世界和中国经济失衡发展的结构,等待我们去完成的其他工作,远远要比当前的汇率改革更为重要(上述提到的内需障碍和供给能力不足的问题就是亟待改革的具体内容);而任何急于让汇率来指导我们的变革的政策,可能最终效果都是适得其反的。

问:孙教授,谢谢您向我们展示了您较为独特的观点。还有一个问题是,假如现在人民币汇率出现了明显的升值状况,你认为它会对中国企业和个人以及金融机构产生怎样的影响?能否给大家提一点建议?

答:建议不敢当。我觉得短期内会改变市场的预期,带来股市的投资盈利的机会,比如,人们会认为消费市场被看好,因而企业经营项目的选择和个人投资的板块都会转向这类消费题材的股票。事实上,从长期来看,因为我上述提到的中国经济结构的约束条件最终并没有出现人们事先所期待的消费繁荣的状况;另外,国外大宗商品依存度高的行业也会因为人民币升值而短期被看好,从而在短期内会形成一个财富创造的预期,经过一段时间,我们可能才会认识到:有可能因为我们缺失定价能力和谈判能力,国际大宗商品价格的上涨速度和程度都超越了人民币升值给我们带来的财富效应。一句话,在人民币升值所带来的"货币幻觉"还没有消失的短期内,上述的投资热点会明显出现。同时,国外旅游、国外消费的热情短时间内也会上涨得十分明显。但是,以后一旦"货币错觉"(人民币升值的财富效应)消失后,人们终将意识到自己所关注的那些企业利润并没有很大的改善,自己的工资收入也没有从人民币的增值的过程中得到任何好处,反而到后来发现失业的问题开始变得严重。而且,在中国今天不完善的市场上,实体经济的发展由于人民币升值过快的错误价格信号,导致了国内产业空洞化、资产泡沫化的不正常格局——最终人们自身因恐慌所产生的集体离场行为导致泡沫经济的崩溃(我不认为中国因为是大国具有特殊的豁免能力)。比如,它就让日本为缺乏汇率改革的经济基础下所作出的匆忙的汇率调整付出了沉重的代价,日本直到今天还没有完全摆脱危机所造成的经济困境。

当然,我感到唯一可以借助人民币汇率升值所做的事是:首先,利用人民币可能升值的这个阶段和中国外汇储备的雄厚实力,加快我们对国外资源型和技术型企业的并购和投资行为,同时,也借"货币产生的比较优势"去增加我们到国外学习的机会,以进一步提高中国经济可持续增长的活力。其次,中国的决策者可能不得不提前考虑退市的计划,加快经济市场化的改革的步伐,否则,短期内的"货币错觉"和政府经济单纯量化的刺激政策的叠加效应,都会对通胀、资产价格,甚至对于随之而来的经济增长产生不可小觑的负面作用。最后,利用人民币的强势预期,进一步推动中国金融产品人民币价格的国际化进程,比如,制定以人民币计价的价格指数,从而让保障人民币国际化顺利进行的"准备工作"先从十分关键的"定价能力"的提高上着手,把人民币汇率改革中的消极因素尽量转变成积极因素。

问:最后,我们想问一下,人民币汇率弹性的加强对今天欧美国家经济将产生怎样的影响?对世界经济又会产生怎样的作用?

答:我想,对于市场经济成熟的国家来讲,影响可能和我们不一样,首先是改变了这些市场的预期,尤其人民币汇率升值所带来的出口增加的预期和国际金融市场资产估值体系改变所带来的金融资本重新布局的利益驱动会影响欧美企业和国际金融机构的决策，从而影响到它们的汇率，甚至在短期内影响到产出。但是我个人认为，最大的影响还是在国际资本市场上，如果欧洲债务危机没有新的"爆料"，那么人民币汇率的弹性化会缓解欧元波动的压力，会加速美元贬值的步伐。于是，大量资本进入中国或因等待进入中国而先流入东亚周边国家的现象会十分明显。

其次，随着人民币升值的现象出现，和中国政府鼓励消费与工资收入倍增计划的实施，短期内，即使中国经济的业绩表现没有实质性的变化，也会因为汇率和收入效应，出现中国消费者的暂时有限的消费转移效应（因为中国经济在需求方面存在上面所说的各种"结构性的摩擦"因素，短时间内很难改变），于是，这样的变化会带动一些欧美企业的出口规模，改善它们的经济效益，也能带来银行体系和资本市场对它们盈利能力的重新评估，从而产生银企间、银行与个人之间的信用恢复和股票市场估值体系"上移"的特征。尤其是后一点，人民币汇率的弹性化改革对欧美金融体系信贷和市场价格提振功能所产生的积极贡献可能是最大的。如果这一金融效应又能伴随美国经济新的增长亮点的出现进一步激活美国正常的消费和投资，那么，对全世界经济产生的积极影响是非常值得关注的。从这个意义上讲，今天我们担负起一定的"大国责任"也是值得的。因为美国经济的复苏同样有利于中国出口企业和外商在华投资活力的再现。但是，如果美国金融体系信心恢复有限，欧美企业对于中国市场的消费效应过于乐观，那么，人民币汇率弹性化对世界经济（包括欧美经济在内）的积极效应将是短暂的。

那时，欧美很可能会把这种短暂效应怪罪于中国政府的市场开放程度不足，怪罪于中国市场存在的不公平的潜规则，致使欧美企业的盈利能力不能长久地保持。这种状况曾经就出现在日元升值后美日贸易逆差改变不明显的问题上，美国指责日本的贸易保护主义、不透明的市场环境等，到后来他们才慢慢意识到（但又不肯公开反悔），日本消费者储蓄倾向较高才是问题的根源——尤其是少子化、老龄化等"结构性摩擦"因素让日本老百姓对日本未来经济的复苏产生了非常严重的悲观预期，进而增加了预防性的消费储蓄。

所以，从这个意义上讲，今天欧美经济和世界经济要想真正彻底摆脱全球金融大海啸所带来的经济不振的阴影，关键还是在于要尽快找到经济增长的新亮点和对此产生的共识与信心（夏季达沃斯论坛将在这方面起到非常重要的作用）。这会为中国经济解决上述"结构性摩擦"问题带来很好的外部环境，如果没有出口复苏来冲销我们结构性调整所带来的通缩倾向（按理说结构调整时出现经济增长放慢的现象是不可避免的），那么，就会使中国社会出现像东欧、日本社会那样的情景——国民对结构调整的积极意义认识不足，对出现的经济发展放缓现象产生巨大的悲观预期，而没有经济的增长，结构调整是很难推进的，最后都往往得到失败或不了了之的结局。

最后，缓解了现任政府拿不出改观本国经济的有效办法所带来的巨大压力。尤其是大选时期的临近，更会把内压转嫁到外部因素上，甚至刻意追求人民币汇率弹性所可能带来的短暂的积极效应，而不负责任地夸大了人民币升值所可能带来的经济效益。

总之，人民币汇率升值过程仅仅是一个金融资产价格调整的现象，短期内（货币错觉阶段）对实体经济可能有一定的推动作用，但是长期来看，它根本无法解决"结构性摩擦"对中国经济所带来的"消费不足、储蓄过度"问题，也无法解决美国经济贸易财政的"双赤字"的问题，更无法解决欧元机制所暴露出的制度缺陷。而真正要改变这一格局，只能来自于世界经济"新的增长点"的形成上，和各国政府借助企业和个人投资与消费的明显恢复，来大力推进这轮危机所暴露出的各国经济结构性的缺陷所需进行的各种制度改革和市场培育（包括投资者教育、消费者行为的优化等）等"系统性工程"，除此之外，没有捷径可走！

经济大起大落的风险在哪里?[①]

中央政治局在 2011 年 2 月 21 日讨论政府工作报告和"十二五"规划纲要草案的会议上,明确强调要防止今年经济出现大的波动。纵观中央从年初到现在所推进的一些列宏观调控措施,让我们感到政府在遏制通胀、扭转产生泡沫危险的资金流向问题上,会打破以往年初力度轻、年末力度强的思维定式,持续保持强势的执行力度。但是,由于内外环境的不确定,也要避免宏观调控政策用力过猛或执行时机的失误所可能产生的副作用——即在遏制了通胀和资产泡沫现象的同时,经济活力也随之而去。这会给这两年中国政府所取得的国内外都有目共睹的救市效果蒙上厚厚的阴影,增加未来经济刺激的成本和效果。为此,如何认识内外经济的不确定性,找到一个合理有效的,能发展经济又能防范通胀与泡沫的政策组合拳,就显得十分重要了。

首先,给中国经济造成负面冲击的外来因素有以下几个方面:

一是国际环境出现意想不到的动荡,比如,目前中东、北非局势的进一步恶化就会影响全球市场对未来经济的预期和由此可能产生的偏激行为,疯炒油价就是近期值得关注的波及效应,如果任其蔓延,就会给刚刚复苏的世界经济带来很大的麻烦。何况各国政府在挽救经济所导致的流动性泛滥的后遗症问题上,正面临着加息和按兵不动的两难问题,前者是为了防止货币政策的滞后反应可能会再生成一个大泡沫的风险,后者是确保经济全面复苏的成果,避免过

---

① 本文首次发表于 2011 年 2 月 23 日。

早退市带来经济再次疲软的可能性。现在油价高企更是火上加油，因为政策迫不得已的转向而导致的经济不确定性变得越来越大。所以，先看清国外局势的变化，再动用我们的调控手段，有时候能起到非常好的"借力"发挥的效果。如果不管外部形势变化，还像以前那样单纯加大宏观调控的力度，那么，一旦效果显现，就会出现"超调"的问题，再来转向纠偏防止经济波动过大，就已为时过晚。

二是以美国为首的发达国家经济景气度出乎意料地开始好转，也即政府和企业投资产生了合力效果，形成了良性互动的作用，比如，美国服务业繁荣格局的形成就是借助了本国政府推动社会保障体系改革所产生的商业机会和就业增加的效果。由此又进一步形成向其他产业较大的波及效果，推动了整个实体经济部门的投资新起和对外来经济走强的预期。如果欧美政府确认经济复苏的基盘已经稳固，接下来就是要避免一旦经济过热而政策反应滞后所产生的副作用，于是，美联储或欧洲央行等一旦加快加息的步伐，而我们对此举动又没有及时作出反应，那么，中国资本市场和中国经济就完全有可能因为国际资本回流而受到影响，这也会干扰我们宏观调控的效果。我们的贸易和投资伙伴的经济也会因为国际资本的回流而遭到重创，这样的危机案例在历史上曾经多次出现。

三是金融危机后经济大国所暴露出来的一些存量问题，比如财政赤字、贸易收支失衡、拥有大量外债的机构入不敷出和汇率升值问题等，因为某个事件由头而使这些问题突然激化，再加上应对这类全球化问题的国际协调能力较弱，很容易引起内外市场的过度反应，从而形成恶性循环式的放大效应。这也会使正在努力进行结构调整中的中国面临更大的外部冲击的负面影响。像欧洲主权债务危机再起、日美英等发达国家债券的信用评级向下调整、中美贸易摩擦等问题我们现在都不能掉以轻心。

其次，中国经济自身的不确定性也不能小视。

一是通胀压力。尤其是对于人均收入基数低、贫富差距大的中国而言，无论是对于输入性通胀原因，还是自身货币超发，或是流动性管理缺失所造成的通胀问题，承受力都是非常有限的，这对社会和谐以及内需培育都将产生十分不利的影响。而目前通胀形成的机制较为复杂，靠简单的货币政策很难有实质性的效果。

二是结构调整的压力。这关系到中国经济发展的活力。金融危机后，和大多数国家一样，政府主导的经济发展模式自然成了主基调，所以，现在一旦宏观调控力度加大，市场依赖"政策市"而发力的脆弱性就被凸显出来。因此，如何尽快将这种输血型的经济繁荣方式转变为市场造血型的发展方式，不仅关系到我们经济发展的效率，而且对中国经济发展的可持续性也尤为重要。但目前市场活力焕发的不确定性依然很大，表现在很多产业资本被闲置，很多民间资本流失在外。若要扭转这一局面，只有政府通过进一步减税让利，同时保护好市场投资和消费的环境，加快完善社会保障和福利体系的进程，大力推进"多劳、多得、多消费"的激励机制以及相关制度的建设和相关政策有效实施的监督机制，继续加大反腐反贪的力度，才能使中国社会民富有保障，中国经济发展有起色，而不是出现令人担心的大起大落的局面。

三是市场摩擦增大的压力。近期，民工荒、涨薪潮等社会现象已经引起了海内外社会各界的高度重视，当然，在今天经济环境还没有出现根本性好转的情况下，靠市场自身来调节难度确实较大，如果中央政府在引导市场形成正确的通胀预期的同时，能够控制有些地方盲目投资占用劳动力资源的行为，并敦促地方政府为改善民工的福利作出实质性的贡献，通过税收等优惠政策为有发展潜力的企业分担它们所承担的越来越高的劳动成本、生产成本，那么，这样做所赢得的结构调整的宝贵时间，一定会为企业今后通过技术进步和创新打开盈利空间，提高自身抗衡成本增加的生产能力，发挥出非常积极的作用。否则，企业因成本迅速增加而盈利空间受到人才、市场等约束无法相应地作出调整等不利因素，可能会放弃继续留在生产部门的意愿，这不仅与中央期待的目标背道而驰，而且，也会因为他们的资金大量闲置在社会上，增加了中国经济稳定发展的不确定性。

总之，在当前不确定的内外环境下，治理通胀和泡沫更需要科学发展观。蛮干和单干（只依赖货币政策来治理通胀的做法）都会让政策效果适得其反。事实上，根据发达国家的发展经验，同时针对当前中国通货膨胀的特点，我感到需要重视以下三大配套的政策环节：一是货币政策的数量调整（利率、汇率政策为辅）与制度建设结合的宏观调控方法；二是加大人力资本投资和导入正确的激励机制，保证产业结构升级的产业政策；三是强化政府决策部门的政策协调和学术部门研究成果的社会普及工作。

比如，第一个政策环节主要是控制可能出现的金融泡沫对物价水平的影响，第二个政策环节主要是起到提高实体经济部门收益率的效果，以降低由于过剩的流动性涌向金融部门可能造成的通胀压力，第三个政策环节的侧重点则放在影响大众合理预期的形成机制上。但是，上述每一类政策的有效实施都会影响其他两类政策的实施效果。比如，如果能有效控制金融泡沫，资金就会流向生产效率较高的产业部门，才有可能创造更多的就业机会和提高人们实际的收入水平，从而也就会降低因为金融体系流动性过剩可能造成的未来通货膨胀的预期。当然，实体经济部门收益的提高，若能够和人力资源的投资结合在一起，那么，实体经济增长就会给予人力资本足够高的回报，也就可以把优秀人才留在实体经济的体系中，于是大众对通胀的预期就会和实体经济的发展状况有机地结合在一起，这一局面对中国经济可持续的发展将产生不可估量的正面影响。当然，所有这些政策的有效实施，都要基于大众对政策体系的信赖和准确的理解，为此，政府部门和学术界都应该肩负起宣传和正确诠释政策效果的社会责任。

"制造大国"为何难成"金融大国"？[①]

2008 年金融危机爆发,不仅使各国经济深受重创,也让当年 9 月才成为世界最大外汇储备国的中国开始意识到,对于美国金融体系的过度依赖所带来的问题。到了今天,越来越多的国人希望通过大力发展国内的金融体系,把中国变成金融大国,从而绕过美国,自己来管理自己生产和创造出的宝贵财富。然而当我们回溯历史,就不难发现制造大国挑战金融大国角色早有先迹可循,只是这种尝试往往都以失败而告终,比如日本的泡沫经济及 1998 年的东亚金融危机。正因如此,人们开始思考:为什么制造业大国总绕不开金融发展的瓶颈,制造业大国究竟有无能力摆脱固有的金融局限性,从而向金融大国成功转型?中国在制造业大国和金融大国的两种发展模式中应该作出何种选择,或者,有没有可能建立起并驾齐驱的战略?围绕这些问题,我在近期给复旦大学全校学生做的一次公开讲座中,谈了自己这些年来的一些研究心得。

一、"制造大国"和"金融大国"之间的差异性

从日本、亚洲四小龙、东盟五国乃至当今的中国所不断打造出东亚制造业立国的奇迹中,我们不难发现,劳动与资本等生产要素价格和供应的稳定是这些国家能够在世界经济的舞台上保持强大的国际竞争力的重要基础;而资本积

[①]　本文首次发表于 2011 年 5 月 9 日。

累、标准化生产和不断拓宽市场来发挥制造业做大做强所需要的"规模经济性"，则是这些国家能够以制造业立国的前提条件。当然，技术更新、管理效率等"软实力"更是这些国家能够以无与伦比的"性价比"优势立足于国际市场的制胜法宝。虽然随着经济全球化的趋势日益推进，制造业国家彼此间的竞争开始变得日益残酷，再加上市场一体化的进程也给制造业的健康成长带来了很多负面影响，但是不管怎样，这些国家为了能让自己继续立于不败之地，也在不断通过政策优化、"软实力"强化和国际合作等方式来弥补自己所面临的制造业大国"比较优势"恶化的挑战。

比如，日本企业如今受到泡沫经济崩溃的影响，靠大量的研发投入来强化自己的"软实力"变得日益困难，他们不得不收缩自己的生产线，把宝贵的资源配置到自己目前最具有国际竞争力的少数几个核心部件的制造环节上。直到最近日本东北部大地震爆发后，这种商业生态才让世人清楚地意识到，世界很多著名的成品厂商因为来自日本的核心部件供应缺货而又一时找不到能够替代的其他商家，不得不陷入延误和停产的尴尬局面。而中国"世界加工厂"的地位，也随着生产要素价格的日益上涨和要素市场中价格自由化改革的推进所带来的波动风险加大而受到前所未有的挑战，尤其值得注意的是，在当前欧美经济还处于低迷和不稳定的阶段，制造业国家的"消费活力"又处在十分有限的状态下，如果此时没有良好的"信价比"优势作支撑，那么，这种制造业国家的经济复苏就会变得日益艰难。

与此相比，金融大国的"商业生态"却在很多方面与制造大国有本质的区别：首先，要素价格不能充分地波动，就不可能产生创新的动力，不可能通过获得高收益方式来规避和分散在资源配置过程中所形成的各类金融风险。而要素价格的波动很多情况下都会给制造业带来巨大的麻烦。在1985年日本和美国签订广场协议后，因为日元的大幅升值，导致其制造业的本国生产成本相对于出口获得的海外收益大幅上升，结果本国出现了产业空心化和金融泡沫化的严峻局势,而那时日本政府却想通过大量投放货币来恢复日元的贬值优势,反而却给泡沫经济的恶化推波助澜,让日本一个制造业大国和强国陷入了深重的经济危机灾难,直到今天还无法完全复原。幸好,日本大企业那时都纷纷离开了本土,靠自己已经建立起来的制造业品牌优势在国际市场上寻找适合制造业生存的良好环境,这才让日本制造业核心竞争力得以延续,而后来接班的日本政府也在这场泡沫危机的灾难中充分认识到了制造业立国的"性价比"特征,放弃了原来想靠日元升值的强势来打造东京国际金融中心,从而弥补日本制造业强而金融弱这种失衡结构的梦想。同时,还采用零利率的高风险手段来维护日元贬值和稳定的格局以确保日本制造业在国际舞台上的充分竞争力。所以,说到底,金融赚的是"波动"的钱,而制造赚的是"稳定"的钱。

其次,追求"差异化"的金融创新模式是金融大国的发展之本。任何制造业中所需要的大规模的投资或资本积累以及不断开拓市场的努力都会增加金融创新活动的风险和成本,却无法达到它们所需要的高收益回报。因为金融大国是靠知识、信誉、制度和敏捷性在谋求差异化的选择中获利,而不是像在制造大国中表现出来的银企之间那固有的紧密合作关系或者配合制造业规模生产所需要的风险控制为主导的金融体系的运行模式,更不会不顾对方投资者利益保护的制度环境成熟与否,就去抢占越来越多的市场,从而通过同质化的产品谋求规模经济性的效果。相反,金融大国的优势就在于依靠人才、品牌、市场发展深度和交易技术的精良,通过他们创造的各类"差异化"金融产品和差异化的交易方式来战胜对手,在金融全球化的大环境下获得日益增长的超常收益和风险分散的绝好机会。他们不在乎所在国家和地区的征税标准是否高于制造行业,却十分在乎那里的市场流动性和创造财富"标的"的质量。比如,在英国伦敦从事金融业的人员,其所得税税率在全球都处于高位,但是,集中到这个地区市场的金融人才、业务流量和金融交易的便捷性也是世界首屈一指的。所以,我们也可以说,金融赚的是"差异化"的钱,而制造赚的是"标准化"的钱。尽管跨国企业也在不断地打造差异化的产品来改良自己的商业环境，但是，制造业的这种差异化，无论是从深度还是从广度来看，都无法和金融行业对其产品的风险和收益特征，对从业人员的交易时机、交易对象的选择，以及各类市场的交易条件、相关制度设计等方面所提出的一系列苛刻的"差异化"要求相提并论。美国之所以会有一批批优秀的年轻创业人员和技术精英层出不穷地涌现，除了因为它拥有世界上最好的大学和竞争力最强的就业市场之外，还在于它金融大国的运行模式支撑了其成为创新大国的增长方式，即不惜代价地去争夺最优良的人才、设备和技术，以此来争取获得高额回报的"隐性"机会，而不是像制造业那样不惜代价地去开拓销售的最终市场，以此确立收益稳定增长的"显性"机会，于是，前者导致要素价格不断提高，而后者却促使要素价格不断下降，至少要做到通过要素投入结构不断优化来缓解竞争所带来的要素价格不得不下调的压力。

第三，"软实力"的突出表现是金融大国保持活力和竞争力的根本。最具体的表现就是金融大国对风险的认识与制造业国家有本质的区别。比如，投机力量的缺失可能会严重影响到风险特征的释放和资产定价的合理性。为此，金融大国不仅仅拥有对所有金融资产的价格的变化完全放开的市场机制的保证措施，而且还会刻意在制度上引入投机机制，比如，卖空、裸卖空的机制。因为只有充分保证投资者的差异化需求，才能最大限度地确保市场流动性，以此提高价格发现的能力和风险分散的效果。在美国，无论你是出于投机、套利还是控制风险的目的，都能找到相应的金融产品，都能委托专业化的金融投资团队管理这类差异化产品的交易。而在制造业国家，因为缺乏在"波动"中游刃有余、在"差异化"中获得收益的"软实力"，所以，任何金融市场的投机行为或者对资产流动性的高要求都会降低企业的生产效率，甚至会成为稳定生产、确保就业的威胁力量。比如，制造业国家往往会对只开展企业信贷业务的银行机构设定较低的流动性规制，却会对引起价格波动的投机力量实施严格的管制。有时为了确保产业的市场竞争力，很多国家的政府还干预非投机因素引起的市场价格波动问题,甚至以牺牲金融市场资源配置的效率为代价来确保实体经济规模经济性的优势不受到影响。因此,从某种程度上又可以说,金融赚的是驾驭风险的"软实力"的钱,而制造赚的是规避风险的"硬实力"的钱。即使金融活动中所需要的硬实力也是为了充分发挥软实力作用而存在的,而制造行业中所需要的软实力却是为体现商品价值的硬实力而服务的。具体而言,金融体系的软实力主要表现在所在国家的金融机构、金融市场和金融产品的创新能力是否能有机地融为一体,发挥出资源配置过程中所需要的六大功能:价格发现功能、流动性保障功能、风险分散功能、信息生产功能、公司治理功能和价值创造功能。所以,去模仿纽约和伦敦成熟市场所打造的"硬实力",却忽略了金融体系发展最为重要的"功能机制"能否有效发挥的关键问题,想以此改变中国目前"世界加工厂"的地位,成为像英美那样的"金融大国",是一件非常困难的事。当然,制造业的硬实力主要还是体现在能否提供让消费者满意的一流的产品和服务方面。

但是,需要强调的一点是:正如上面已经阐述过的那样,要想突出发挥制造业的实力,有时不得不妨碍金融业实力的发挥。因为我们很难区分眼下的投机是有利于实体经济生产价值的发现,还是有利于资源配置过程中固有的风险释放,或者只能在事后才知道,这样的投机方式根本就与实体经济的健康发展沾不上边,而纯属一部分人利用自己的信息和专业优势来从信息劣势的群体中"合法"掠夺他们宝贵财富的手段。最严重的案例莫过于刚刚发生的美国次贷危机,尽管美国是当今毫无争议的金融大国,但是,美国金融业在事前也无法正确地解读房地产市场的投机行为和由此带来的繁荣景象究竟对实体经济的市场效率改善是有利还是不利。直到金融危机全面爆发后,监管部门才意识到当时的投机现象完全是华尔街上演了一出道德风险的闹剧。如果这场深重的金融危机是发生在制造业国家,那么,我们可以想象,这些国家事后抗衡金融危机的孱弱能力一定会让它们无法摆脱形如美国大萧条时代的灾难局面。幸好,今天的美国作为全球金融大国的"软实力"远远超过了其在大萧条时代作为制造业强国时的水平，否则，这一次的灾难会彻底动摇美国在世界经济舞台上的强国地位。日本泡沫经济的崩溃与后来经济复苏的困难，很大一部分原因就是因为其金融软实力的脆弱。

二、"制造大国"走向"金融大国"的必要性和艰难性

随着市场饱和、贸易条件恶化、产品升级压力的加剧等因素，制造大国走向金融大国的紧迫感越来越强烈。尤其是由美国引发的全球金融大海啸席卷世界经济的每一个角落之后，制造业国家都在反思如何增强自己金融体系的实力，以管理好自己所辛苦创造出的社会财富。中国政府也认识到，如果没有一个良好的金融体系作为经济发展的后盾，那么，中国产业的结构调整、产品技术的升级就很难实现，企业的盈利空间也会受阻，就业人口的工资增长和今后可用于收入再分配的税收基础也会被拖累；而且，像欧美成熟市场国家那样的企业由弱变强、由小变大的资本运作战略就更无法成功实施。与此同时，要让我们社会大众尽快完成原始财富的积累，跳出收入水平低下这个导致中国消费水平疲软的困境，也需要我们的金融体系能够发挥像成熟市场那样创造财富的巨大能量。更进一步说，当我们的企业制造能力日益强大，民富所产生的需求动力不断旺盛时，围绕中国市场所形成的商业和财富创造机会就会明显增多，那时，我们能否靠中国实体经济的强盛来推动中国人民币的国际化进程，就更加取决于中国金融实力的发展水平。纵观历史上国际金融中心的发展历程，无论是13世纪到17世纪昌盛一时的佛罗伦萨、威尼斯、热那亚和安德惠普，还是从18世纪开始一直到21世纪的今天，曾为现代金融主流业务作出巨大贡献的阿姆斯特丹、伦敦和纽约，它们都有一个共同的特点，那就是随着国家实体经济的兴旺和日益强盛，所在国的航运中心和金融中心的国际地位逐步提高，本币国

际化的进程也随之发展到了一个新的历史阶段,于是,自然就确立了金融中心所在国家的世界金融大国的地位。所以,从这个意义上讲,制造业大国走向金融大国确实是一种历史发展的必然。

但是,在近现代经济发展史中,我们也一而再地观察到,制造大国走向金融大国的路程并非一帆风顺,常常伴随着无数次金融危机的洗礼。有些国家的经济甚至在危机的冲击下,不仅让金融大国的梦想付诸东流,而且断送了多年来辛辛苦苦所打造的制造业大国的基盘;还有些国家虽然登上了金融大国的宝座,但还没有等到坐稳、坐热,就被巨大的金融海啸掀翻在地,很长时间内经济都难以恢复。究其原因,主要可以归纳为以下几点:第一,缺乏技术创新和金融创新之间的纽带关系;第二,缺乏金融要素市场健康发展所需的"软实力"条件;第三,增长方式不匹配。

从美、日两种不同的推动技术创新的金融模式上,我们可以看到:一旦金融创新的"标的"离开了实体经济的技术创新舞台,高收益和高风险的平衡关系就会被打破,那么,日后的金融活动就很可能催生资产泡沫,并会严重干扰实体经济发展所需要的健康的市场活力。一旦最后金融危机爆发,我们也能看到金融软实力较强的国家经济复苏较快的现象。

首先,在美国,能够靠未来品牌、标准、定价权的确立而获得高额收益的技术创新,前期价值主要体现在无形资产上,不要说传统业务的金融机构因为高风险无法介入,即使是那些盈利性的私募基金和风险投资机构,也很难从源头上帮助年轻有为的企业家和精英才俊去完成他们"创意和创业阶段"所需要的资金投入。现实中主要依靠两种力量来扶持美国技术创新所需要的融资环境:

一是来自于不计较风险的美国慈善基金、天使基金等的赞助。他们靠自己过去成功创业和帮助企业家成功创业的经历,挑选出很多年轻有为的企业家和发展潜力巨大的投资项目。一旦它们建立起助人为乐的口碑,就会有越来越多的能人主动找上门来,也给他们提供了降低风险、提高投资成功概率的机会。

美国之所以能够出现这批敢于冒险的投资团队，与其制度设计和金融市场深化的程度有着密切的关系。如果腰缠万贯的企业家把自己的大量财富世袭给自己的后代，造成未来扼杀美国经济活力的"机会不平等"问题，那么，美国经济的繁荣就会昙花一现。为此，美国政府设定了较为严格的遗产税，在一定程度上杜绝了财富世袭的不良行为。当然，在"拦堵"可能出现的不良资金配置问题的同时，美国政府还通过设立可观的税收优惠机制来"疏导"资金进入扶持高风险高收益的技术创新的活动中。这也是美国经济能够保持长盛不衰的一个公开的"秘密"。

二是来自于美国政府资金的扶持。美国政府每年投入大量的研究经费，依靠大学的研究机构和国家的研究部门进行新兴产业技术的研发和培育。而参与项目研发的大学教授和学生又能直接参与到创业和商业运作的活动中。在加上专利的申请没有任何的限制，而知识产权保护的各项措施都十分到位，在这样的"产、学、研"结合的环境下，年轻有为的教师和学生都有很强的动力把自己平日的研究成果商业化。而这种动力使得他们从一开始投入研究的时候就产生了要把东西做到最好的愿望，而不会出现那种我们所担心的"拿国家的钱不做实事、没有突出成果"的问题。

除了在前期有很好的资金扶持机制之外，美国金融发展的软实力（比如金融市场的深度和广度堪称世界第一），也使技术转化的市场条件和成功退出的概率要比一般国家强得多。因为后续有风险投资、私募基金等的介入，而且，它们又可以仰仗更为强大的投资银行、商业银行和成熟的二级市场的力量，这样就使得源头上投资的慈善基金和政府资金的平均回报率大大提高。甚至有些时候，从投资效益上看，不计较得失的慈善基金的业绩反而会超过追求商业利润的风险投资基金。当然，后来由于华尔街"高薪吸才"的商业模式吸引了不少美国最年轻有为的精英才俊，而技术创新的科技领域反而缺乏增长的动力，结果，华尔街利用这些年来全球流动性泛滥的客观条件，上演了一场制造泡沫、贪婪掠财的道德风险闹剧。现在,美国政府在为这场监管不到位的金融大海啸付出昂贵代价的同时,也在世界各国一致的强化全球统一的金融监管的呼声下,对华尔街过去那种不透明定价和滥用激励机制的商业运营模式进行着一系列的整顿。总之,流动性过于集中在金融领域而没有及时有效地配置到技术创新部门,就很容易产生金融泡沫,从而威胁到经济发展所需确保的"金融体系的稳定性"。

其次,在日本,扶持技术创新的资金来源也有两个方面:一是靠自己和家庭的资金支持。所以,即使到了今天,很多由家族企业成长起来的世界级品牌的日本大企业也不愿意把自己投入资金所获得的研究成果拿到市场中转让。从这一点上讲,它们研究成果的社会利用率要比美国低得多。也可能是因为这个缘故,从自主创新意义上衡量美国的竞争力,就要高于技术相对保守的日本。二是靠金融机构的贷款,但是贷款对象往往集中在大型企业上,或者由大型企业担保的中小企业上,所以,不太会出现像中国这样中小企业融资难的问题。因为日本的商业生态与我国有很大的不同,它的大企业和中小企业都形成了一个较为稳定的垂直产业链。只要大企业能在国际市场上拿到订单并有较好的交易条件,那么,中小企业就会以外包的业务方式接受来自大企业的订单。它们是"同甘共苦"的企业家族。如果日元大幅升值,或美国市场需求冷清,那么,不仅美国大企业商业利润下滑,就连相关行业的日本中小企业也会一起被牵连进去。当然,这次日本东北部地震使日本很多中小企业的生产能力都受到了巨大的摧毁,于是,日本大企业的业绩也将因为供应链的断裂而出现不断恶化的态势。

那么,为什么日本的大企业拿到银行的贷款就愿意去做看来吃力不讨好的创新活动呢?为什么日本的大企业不愿意把自己花费大量精力获得的研发成果在市场上转让,而是将它或其中的一部分无偿地告诉与自己相关的中小企业呢?如果一旦出现上述提到的恶劣状况,这种研发成果的社会投入效率是不是会因为暂时的生产环境的恶化和技术创新商业模式的特殊性而不得不趋于零呢？

事实上，随着规模的成长，日本的大企业已经不可能满足国内市场的需求，它们必须要掌握战胜市场竞争对手的觅食本领。如果不持续地进行创新和盈利，它们就可能因为失去市场的竞争力或无法承担必要的运营支出而变得入不敷出，最终只能以破产而告终。与大企业有业务关联的中小企业为了确保和大企业的稳定业务关系，也要不断地在业务上精益求精，提升自己不可撼动的技术力量来为大企业提供稳定的核心部件供给。这样一对一的信任关系也使日本大企业慷慨地将业务内容传授给各个生产环节，而把行业中的其他企业都看成是自己竞争的对手。"企业秘密"是日本商业文化代表中的一个最为典型的词汇。

可是，在日元升值、泡沫经济不断恶化的年代里，日本的大型企业纷纷到海外寻找新的生存环境，打破了一直以来企业和银行之间固有的"连带关系"，而这种关系曾是被世界其他国家在解释东亚奇迹的成因时反复提到的"主银行体系"。这一制度的特点是：避免恶性竞争，共同分担风险，借助制造业鲜明的比较优势弥补相对弱势以及受到严格监管的金融业牺牲靠价格波动获利的财富效应。不过在 20 世纪 80 年代后期，日本的银行业一反常态，纷纷利用日元升值的强势去海外寻找商机，但是这次与以往的商业模式不同，日本的银企之间各自为政，从而导致了日本银行业在遭遇美国贪婪牟利的投机行为后不得不付出惨重的代价；而当时留在日本国内的一些金融业务主要是服务于股市泡沫和楼市泡沫的投机行为，最后，泡沫的崩溃让日本很多知名的金融机构纷纷倒下，从而进一步削弱了日本金融体系资源配置的效率。直到今天，日本金融机构还是没有找到摆脱泡沫经济崩溃所留下的大量亏损资产的有效方法。总之，当年日本金融危机的教训是：在"软实力"还没有出众的情况下，就开始过快地推进制造业向金融业转变的"结构调整"，从而导致泡沫经济迅速地形成和破灭。

另外,我们也注意到,日本泡沫经济崩溃后,日本政府对其振兴以金融为主导的服务业战略上作了重要的修正,把主要的精力放在海外零售市场的培育上,以此缓解过去因为在追求经济大国和金融大国双目标增长方式上的冲突所带来的麻烦。尤其是在2001年全球IT泡沫崩溃后,日本政府更是将货币政策调整到零利率水平,从而以日元贬值的实际效果来支撑日本制造业在国际舞台上的"性价比"综合竞争力。和日本政府相似的是,英国政府也十分注意增长方式的协调性问题,通过完善市场制度和吸纳精英人才,确保以伦敦国际金融中心为核心的金融服务业的比较优势,而根本不考虑通过要素价格的管制来提升制造业繁荣的战略。欧洲经济体中的德国与英国不同,德国着重发展制造业,所以,这次欧洲很多国家的金融机构和美国华尔街一起参与了很多类似的金融创新的活动,结果都和美国一样处在金融危机的"震中",而因为又不像美国这样持有世界主导货币且具有高度的货币独立性,命运比华尔街金融机构更惨。而德国的金融机构因受到本国的严厉监管而没有条件参与金融创新滥用的游戏,所以没有对实体经济造成太大的冲击,相反,因为欧元区很多国家在危机中受困,比如南欧主权债务危机等,影响了欧元的坚挺,从而使得德国制造业的出口在这两年来一直能够在有竞争力的汇率帮助下保持着良好的增长态势。虽然日、英、德等经济大国近年来走出了截然相反的发展道路,但是它们重视增长方式匹配的共同思路值得我们好好借鉴。

三、中国走向"金融大国"的路径选择

这些年来,中国在改变自身金融脆弱性的问题上作出了巨大的努力。无论从资本市场的市值上,还是银行的资产规模上,无论是从金融体系建设的宽度上,还是从我们从事金融业的专业人员数量上,无论从中国金融机构的现代化硬件设施上,还是从拥有世界最多储蓄的社会大众对金融产品的需求强度上,

我们都已经站到了世界屈指可数的金融大国的"第一阵营"。还记得刚加入WTO的时候,我们很多人都担心这样做是否会引"狼"入室,是否会被"狼"无情地吞噬掉。但是,正是因为我们对竞争力量高于我们很多倍的外资金融机构的挑战作了充分的准备,而且,即使五年保护期过后,我们依然小心翼翼地控制开放的速度并设置了必要的外资准入门槛,所以,才使得后来我们能够与"狼"共舞,和谐共处。尤其是2008年金融危机爆发后,中国政府更是加快了人民币国际化和上海建设国际金融中心的步伐。尽管如此,中国目前还是没有改变"制造大国"和"金融小国"的身份。因为金融大国拼的是资源配置功能强弱的"软实力",而不是外表形式上的"硬实力";金融大国拼的是"差异化"的创新能力和与之配套的完善的制度与有效的监管能力,而不是"标准化"的金融业务所带来的低附加价值的价格竞争;金融大国拼的是"波动"中抓住瞬间即逝的投资机会和控制风险的能力,而不是靠价格管理来赚"稳定"的息差收入和中介手续费。为此,在目前我们已经具备了"硬实力"的基础上,如何更上一层楼来提升我们的"软实力",就显得越来越重要了。

显然,目前利率市场化、汇率市场化还没有到位,这确实影响了"价格发现"功能的发挥,而资本账户下对自由兑换的管制也影响了"流动性保障"和"风险分散"功能的实施,再加上我们监管机制的完善程度和实施力度都还很有限,这也对"信息生产"和"公司治理"功能的正常释放造成了很大的负面影响,从而直至今天,和世界金融大国相比,我们的"价值创造"能力依然十分有限。甚至在如此庞大的国民储蓄面前,我们还不得不继续引进外资,来弥补我们金融体系无法把"资金"有效地变为能够带动经济可持续发展的"资本"的缺陷。而且,今天当外资受到美国金融危机的深重影响而不能自拔、中国政府又主动调整引进外资战略以促进中国产业升级的步伐的时候,如何尽快强化我们的金融体系配置资源的能力,就将决定现在中国经济增长的命运和未来健康发展的模式。

但是,不管怎样,依靠改革开放30多年来取得的丰硕成果,我国的金融体系还是具备了一些促进未来金融发展的"比较优势"：首先，邓小平"先让一部分人富起来"的阶段性目标已经实现，一批数量虽少、资金实力却十分雄厚的中高收入阶层开始涌现。市场对高水平金融服务的需求日益增多。如果我们此时的金融创新步伐能够很好地吸收这批流动资金，并能迅速配置到最有发展潜力和收益增长的投资项目上，那么，我们就不会为资金过于集中在楼市或股市而烦恼，更不会付出昂贵的行政管理代价来控制副作用较大的价格上涨问题。另外，金融危机以后，尤其是在最近全球流动性泛滥所导致的成本推动型通胀面前，已经出现一些具有一定规模的民营资本，因为商业成本上升的压力和无法通过自己盈利能力的提高来转嫁成本而退出了自己擅长的实业舞台，进而把产业资本带进了灰色的金融系统，去从事它们不擅长的"资本运作"——有些很好的中小企业因为对企业价值的定价不熟悉而贱卖给了海外私募基金，有些民营企业家干脆做起了靠价差盈利的"金融业务"；集资、高息放贷或炒作地产和大宗商品现象也屡见不鲜，尤其在中西部地区，因为地方政府建设项目投入数量加大，不计较成本的开支开始增多，从而使得靠价差赚钱的投机模式屡屡得手。但是，这样的"资本运作"丝毫不能改变中国金融创新能力不足的问题，在某种程度上也不利于中国产业结构的升级和调整。为此，能否引导这批资金从现在纯粹的以"钱"养"钱"的方式，转变成支撑中国大学生、海归学子回国创业的天使基金，这对抗衡成本推动型的通胀和资产泡沫问题显得十分关键。比如，中国政府应该要像欧美国家那样，在建立"遗产税""资产交易税"的同时，也给企业的生产投资活动实施"减税"和非营利性风险投资项目的"免税"优惠，引导中国企业家将自己的经验和资本传承给年轻有为的下一代，而不是将积累的资金和自己的孩子一起无奈地带到国外去。总之，重视民营资本的生存环境、提高中央和地方政府投资的效率将是我们为"做强金融"必须要解决的问题。

　　一般情况下，选择风险最小的走向金融大国的路径是：首先，理顺国内价格市场化的形成机制，尤其是要强化教育质量和科研水平的"内功"建设，在完善的制度和监管措施的支撑下,让谋求高收益的金融资本有很好的、值得资助的"标的"项目。其次,再推进利率市场化和汇率市场化,提高金融机构的创新能力和差异化的市场服务水平,在此基础上,继续推进金融市场内外开放,增强市场的流动性、竞争力和活力。最后把人民币推向国际舞台。否则,好高骛远、急于求成,反而会断送改革开放 30 多年来我们创造的丰硕成果。我们要清楚的是,由于到目前为止国内资本市场还未完全同世界接轨,所以,中国已经避免过多次金融风暴的猛烈冲击,安稳地行进在世界经济发展的前列。但是,令人担心的是,因为我们没有体验过严重的经济和金融危机所造成的灾难,致使不少人理想化地希望中国既可以成为制造业大国,又能成为金融大国,而这种美好的想法往往会让我们迷失发展的方向。前车之鉴便是东亚几个率先发展起来、却在几次金融危机中屡屡受创的国家,比如日本、韩国和后起之秀的东盟新兴市场经济国家等。因为这些国家既想通过稳定的汇率制度来保住自己制造产业的国际竞争力,又想通过资本市场开放来实现金融大国的目标,结果让投机资本乘虚而入谋求暴利,最终却都陷入了灾难性的金融危机之中。这些国家的经验教训告诉我们:在一个制造业的基础上,如果我们过度发展高风险的金融业务,其结局必然是让擅长驾驭风险的投机资金以一种"公平的方式"拿走我们辛苦创造的宝贵财富。

从某种意义上讲,尽管今天中国制造业在全球产业链中仍处于低端水平,人人都在做金融大国之梦,但是,中国还是不应该贸然抛弃自己擅长的制造业,或者抛弃原有的发展模式,甚至不顾目前我们所处的发展阶段对金融冲击的承受能力,贸然地加快人民币国际化的步伐。因为我们最终会意识到,如果在"破旧"的同时无法迅速"立新",那么,在残酷的全球化竞争环境中,就将很快失去自己原先能够依托的生存环境。事实上,在全球国际分工所形成的产业链上,每个国家和企业都可以寻找到最适合自己发展的生存方式。千万不要太在乎自己的位置在哪里,而忘记了"发展才是硬道理"的精髓——只要把工作做到没有人可以代替,那么你就是最好的、最强的!而当我们要去比较到底哪种发展方式更好,即是发展制造业更好还是学美国做金融大国带来的经济效益更好的时候,我们就很容易去丢掉原本能做好的东西,同时却做不好别人擅长的东西。总之,盯住自己最擅长的东西,保持自己制造业的强势地位,并不断完善这一环节,等到条件成熟后,我们再循序渐进,争取作出一些边际上的新突破,这才是中国今后最重要的发展之道。

中国股市真的没有希望了吗?①

2012年9月26日,沪指一度跌破2000点,创出2009年2月3日以来的新低。虽然最近一个阶段以来,市场对这种可能性早已有心理准备,但是当这一天到真的来了的时候,大众的情绪还是产生了较大的波动。不过我认为,造成中国股市持续低迷的原因有中长期结构性的问题,也有周期性调整所产生的波动问题,更有全球金融危机所带来的外部性问题。所以,对于结构性的问题,中国证监会主席郭树清正在努力扭转资本市场长期以来企业融资功能凌驾于大众财富功能之上的格局,但是对于走错方向狂奔的野马,要让它遏制惯性掉转方向,绝不是一件轻而易举的事;而与此同时,世界经济的周期性下行对中国企业绩效的冲击更加让不健全的中国股市失去了中流砥柱。近日欧债问题的深化和亚洲地域局势的动荡更让投资者内心蒙上一层厚厚的阴影,向流动性逃避的恐慌行为虽然释放了央行货币紧缩政策的压力,却让资金缺口已经变得越来

---

① 本文首次发表于2012年9月26日。

越大的中国股市遭遇到了更加严重的抛盘行为。

事实上,中国股市结构性的问题不是短时间就能解决的,但只要改革的方向对头,减少"硬着陆"风险的顺序对头,我们就应该对此充满信心,毕竟中国资本市场在现阶段有着投资意愿大于消费意愿的社会大众,有着庞大的储蓄资源,有着市场化、城市化与国际化的发展空间,有着股市发展至今所留下来的宝贵的经验教训,这些"比较优势"必将成为我们今后改革成功的基础。当然,目前结构问题所带来的挑战确实是千头万绪,真有点剪不断理还乱的架势。比如,业绩糟糕的坏企业如何以最小的成本退市? 如何发挥外部市场兼并重组的力量来提高企业内部治理的动力? 如何真正做到保护投资者的利益,有效监管那些包括保荐人、审批者、独立董事等在内的"外部"监管人,让他们在其位谋其职,而不让他们寄生于贪污腐败的温床? 如何打破操纵市场的投资者和融资者的霸道或违规行为,让市场回归公平,让参与者回归到理性投资的轨道上来? 机构投资者和券商以及职业经理人如何做到通过专业化的服务来净化和教育市场,而不是利用自己所占有的"资源条件"去侵吞和掠夺股民和社会大众的财富,从而破坏了金融市场健康发展所需要的最起码的诚信基础? T＋0、国际版、国债期货等制度与工具创新,如何才能提高中国股市的资源配置效率,从而降低投资者的市场风险,而不是适得其反?

不管怎样,眼下我们应该坚定不移地用两条腿走路:一方面,监管部门要继续推进金融市场的制度改革,早日让理性投资的股民能够从业绩优良的中国企业身上获取稳定可持续的财富增长,而不是再像过去那样,过度依赖"资金市",靠"零和博弈"去谋求不稳定的收益增长。说实话,不要再搞什么"政策市"了,到头来又是货币政策推动的"资金市"! 结果,项目投资效率依然较低,而货币超发却稀释了大部分国民的财富,只有少数玩家才分享到这种不公平的"收入再分配"方式所带来的暴利。市场如今严重缺乏信心,就是不可持续的"政策市"所造成的一种后遗症。另一方面,为了确保更多上市公司有良好的业绩表现,中国政府要不断花力气改善投资环境,尤其是在金融危机的影响还在延续的今天,更应该加大给企业减税的力度,通过强化监管控制好物流成本,以提高企业的盈利能力,否则,资金缺口不断恶化的上市公司是不可能得到股民的青睐的。

总之,中国未来的资本市场改革,首先要确立价值创造的正确取向,努力将目前"零和博弈"的"资金市"改造成未来价值投资的"财富市";其次,要完善有利于价格发现的市场环境,从而推动金融创新、分散风险的专业化本领;最后,在改革的过程中,还要十分重视信息披露充分、公司治理机制到位的制度建设,这样才能确保市场越来越繁荣,流动性越来越充裕,而反过来它又会进一步打开金融创新和价值创造的发展空间,形成良性循环的最佳效果。

银行"暴利"为何不分红?[①]

2012年3月15日,中国人民银行行长周小川在答记者问的时候,对社会上普遍认为的银行存在"暴利"的批评提出了自己不同的看法,认为经济周期的调整左右着银行利润的增长。而前央行行长、现任全国人大财政经济委员会副主任委员的吴晓灵女士却坦言:中国银行业巨额的利润的确有不合理的地方,人们的批评并非没有道理。不管两位有着丰富央行经验的领导是否存在着认识上的分歧,但我想说的是,今天中国银行业的流动性风险在不断积聚,即使银行业有着丰厚的"利润",也冲销不了这两年由地方债务和楼市按揭贷款所造成的

---

① 本文首次发表于2012年3月14日。

日益恶化的银行"资产"。否则,我们无法解释以下两种截然不同的现象:

一方面,根据银监会在2月发布的一份报告,我们可以清晰地看到:2011年商业银行净利润为10412亿元,相比2010年增长了36.34%,银行日均利润高达28.5亿元。而另一组数据是:2011年前三季度,16家上市银行共实现净利润近7000亿元,占沪深两市全部上市公司1.58万亿元净利润的四成以上!但另一方面,我们却又看到中央汇金公司在支持工商银行、建设银行和中国银行等将2011年分红比例继续下调5个百分点的决定。同时,它又在去年10月份,为了给银行业注资,大幅增持了四大国有银行的股份。

从本质上讲,中国银行业近几年"暴利"的原因在于新增资产扩张过猛,比如银行业为了配合政府救市的行为,居然放出了10万亿的信贷规模。即使目前地方债和按揭贷款的扩张受到了遏制,但是,基于前几年信贷扩张而构成的庞大资产上的"利差收入",使银行业根本不受中国经济开始下滑的影响,由此在困难经济情况下带来的银行巨大的利润,就自然和其他行业形成了鲜明的对比。如果目前我们来深究银行业"资产"的质量状况和由此可能带来的流动性风险,那么,这点"暴利"可能就显得杯水车薪了。从这个意义上讲,限制高薪的作用和敦促银行业分红的性质完全不一样,前者是为了防止套现,对银行业的稳定起着至关重要的作用,而后者看似在寻求公平的收入再分配的解决方案,但是银行利润的流失会更容易造成银行在资产质量不良的情况下流动性风险加剧的格局,甚至今后会使得一些银行出现资不抵债的严重后果。

基于今天银行业最大问题是"资产质量"问题这一事实,国家对房地产的监管思路也将是求稳在先、价格回落在后。今天我们看到,一方面国家鼓励各地的银行去降低居民购买首套房的利率,以促使健康的住房消费增长来"对冲"楼市监管力度过大所可能造成的"硬着陆"的风险;另一方面,政府又坚定不移地强化楼市的整顿,防止社会闲置的资金继续炒高楼价,由此造成银行资产更加面临泡沫崩盘的风险。同时,国家又在用时间换空间的做法来释放银行这几年积累的风险——即努力开拓更多产业发展的舞台,吸引银行资金大量地进入实体经济,从而确保银行资产质量未来能够随着经济复苏而不断得以改善。而上述的降低分红和汇金注资等做法也能在一定程度上打开银行流动性增长的空间,从而为今后实业发展带来的新一轮增长周期和由此产生的银行资产质量自然改善的市场效果,赢得宝贵的时间。

总之,要想从根本上改变银行利润膨胀而资产质量却不断恶化的格局,监管部门首先要建立起"逆周期"的调控思路。要在事前通过强化资本充足率、风险拨备等审慎性监管的手段来抑制银行在盲目的信贷扩张中所不断积累的系统性泡沫风险,而千万不能迷信抵押资产能够抗衡事后危机的"神奇力量"! 而且,无论让银行实施多么保守的压力测试,也不能解决抵押资产一旦失去了流动性后给银行的健康运作所造成的巨大压力。尽管竞争与开放能够改变银行暴利的格局,但是不能排除繁荣时期银行业急功近利的"近视眼"行为和由此带来的资产质量严重下滑的问题。所以,监管部门不仅应加大银行抗衡风险所需要的审慎性监管的力度,而且还应该在繁荣时期加快银行资产证券化的步伐,分散银行业务增长过快所带来的系统性风险。

当然,改变中国银行业盈利能力的现状也是提高银行业抗衡系统性风险的必要条件,但是,若不重视改革的最优顺序和最佳时机,就很有可能让我们看到事与愿违的不良后果。尤其是中国的金融资源集中在银行业,它的动荡对国民经济造成的恶劣影响,在目前中国金融的发展阶段,要远远大于股市动荡所带来的冲击。从这个意义上讲,今天首先要强化中国银行业内部的治理机制(包括高端金融人才的引进和合理的薪酬设计等);其次要建立严格的"逆周期"的审慎性监管措施,避免"推波助澜"或"乘人之危"的"顺周期"监管方式(繁荣时候放松监管,萧条时候强化监管);再次要大力推进利率市场化等金融要素价格的改革,鼓励健康的金融创新工具;最后要在恰当的时候,再向有资质的民资和外资开放中国的银行业务,提高市场竞争的程度。这样的安排,是借鉴了发达国家和发展中国家大量的成功经验与失败教训后得到的总结,以便于我们能够在优化中国银行业服务的过程中,将改革可能导致的副作用控制在最小的范围内。

Chapter Two | 第二章

卷进世界金融危机的漩涡

为何美国"糟",中国"急"?[①]

美国联邦住房金融局在当地时间 2010 年 6 月 16 日发表声明,要求将其监管的美国两大抵押贷款巨头——房利美与房地美(下称"两房")的股票从纽约证券交易所退市,理由是两家公司的股价长期表现不佳。对于这个消息,欧美市场并没有产生强烈的反响,因为人们可能早就知道"两房"十分糟糕的财务状况,退市是迟早要发生的事。只是让美国部分议员十分气愤的是:这样糟糕的金融机构至今还在苟延残喘,继续吞噬美国纳税人宝贵的钱财! 相反,"两房退市"的消息却引起了中国社会上上下下强烈的"震撼",毕竟这关联到中国老百姓通过自己多年的努力才挣得的数千亿美元资产今后生死未卜的命运。这主要体现在以下几个层面:

首先,"两房"会不会像雷曼兄弟那样完全倒下? 因为从最近我在阅读的美国前财长保尔森写的《峭壁边缘》一书中,也能充分感受到"两房"给他个人和美国所造成的巨大麻烦。从"两房"深陷"次贷危机"中所背负的无底的债务中,从目前根本看不到美国能够通过新一轮的经济增长来带动和重整美国金融市场及其价格复苏的任何征兆这一事实中,"两房"给美国政府带来的麻烦会越来越大,给中国经济投下的阴影会越来越强烈,这次"退市"事件就是这种"厄运"的一个具体表现。可以这样说,即使"两房"暂时不会出现严重的"价值打折"现象,但是,因为"两房"的退市会使得我们所购买的"两房"债券完全失去为我们

[①] 本文首次发表于 2010 年 6 月 28 日。

创造财富所需要的"流动性"（因为"两房"失去了融资功能，政府又不愿意再给钱，所以，从某种意义上讲，"两房"今天就像在等死，而我们的钱还在它们那里）！

其次，"两房"若继续这样厄运缠身，业绩糟糕的表现持续下去的话（资产通缩的具体表象），那么，我们会受到怎样的影响？事实上，如果美国经济还是像现在这样半死不活地继续下去，那么，除了两房不得不走向贱卖的命运之外，更多在泡沫经济状态下繁荣一时的美国大金融机构，都会陆陆续续出现资产负债表更加恶化的状况，从而使得与这些机构发行的证券资产密切相关的中国外汇储备（存量资产）变得更加缺乏流动性，而我们所拥有的美元的财富价值也仅仅是无法实现的账面价值。

再则，美国政府对"两房"的未来命运有何政策上的应对措施？如果继续挽救"两房"，就会打乱"退市"的计划，会因为流动性过剩和事后全民税收负担的加重以及国际资本流出的风险而埋下了通胀爆发和经济进一步衰退的双重风险。如果美国政府最后决定抛弃这个"扶不起的刘阿斗"，会不会产生由美国引发的第二次金融风暴（这一危机形成的主要原因可能来自于美国金融市场再次出现严重的传染效应）？当然，国际债主也可能会因捍卫自己所剩下的外汇资产价值而被迫选择"离场"。不过，这种被迫离场对中国而言，代价可能是巨大的，因为我们是美元国债的"大庄家"，每搬迁一批美元资产"离场"，就会因为美国国债价格的迅速下跌而无法卖出或得到我们自己所期待的收益，同时，也会因为这种刺痛美国双赤字的软肋的举动，让美中关系变得越来越紧张。

可以这样说，今天中国外汇储备的流动性和收益性因为美国金融体系的健康状况的恶化而出现的每次令人担忧的状况，也在某种意义上触及到了中国出口导向的经济增长方式所表现出来的一个令人心痛的"软肋"，这也再次唤起了我们对加快增长方式转变（重视"增量"）的渴望、对外汇储备管理多元化（消化"存量"）的追求以及对人民币国际化（全面覆盖）的向往。

不管怎样，"两房"走到今天这种悲惨的地步，给我们中国的金融改革和增

长方式带来很多值得反思的教训:

第一,当市场处于繁荣阶段的时候,对未来市场的盲目乐观,使"两房"完全忘记了泡沫经济可能形成巨大风险这一金融常识,从而导致业务扩张过度、系统性风险不断膨胀的局面。相比之下,今天中国经济的增长支柱还主要来自于财政支出、产业政策扶持和宽松的货币政策等方面,而不是像危机前那样,由市场自发的投资和消费来支撑中国经济高速的增长势头,那么,面对这种靠政府"输血型"的救市行为所构成的高增长势头和房地产市场价格膨胀的局面,我们更加不能盲目乐观,更应该在尽早形成"造血型"的市场经济全面复苏的环境方面,投入我们更多的智慧和改革的行动。

第二,当金融机构受到政府过多保护的时候,它会对风险控制的意识产生麻痹作用,更有可能会增加追求高收益而不顾高风险的项目投资,这种道德风险会绑架政府,绑架纳税人,从而会进一步动摇社会稳定的基础。今天中国地方政府和地方银行之间之所以能够密切配合,放大信贷,很大程度上是因为它们都认为对方有一个强大的靠山来承担未来可能出现的风险。所以,今后一旦地方债问题得不到有效的管理,那么它们所带来的不良资产,也一定会像"两房"一样后患无穷。

第三,"两房"在资产泡沫的时候"成功"地推进了资产证券化的进程,分散了它所隐藏的巨大的系统性风险,在这中间,美国金融机构是受益者,它们既争取了政府的保护,同时,又让外国投资者给它们提供了几乎没有成本的"流动性保险"。然而,中国今天实体经济的收益在让全世界分享的同时,由于全球化的推进所带来的巨大的流动性过剩以及由此产生的金融风险却无法让这些中国经济增长的"受益者"公平地去负担它们应该承担的那部分金融风险和管理成本。中美金融管理能力的巨大差距让我们感受到了金融变革的紧迫性。刚刚结束的这届上海陆家嘴金融论坛也充分体现了中国政府尽早摆脱"财富管理"受人之压的困境和"做强金融"的坚定信念。

因此,目前我认为我们能做的事是:首先,应该继续利用各种国际交流的机会,敦促欧美政府花大力气扶持有利于未来经济增长的市场环境和制度环境;只有经济增长的新亮点真正出现了,资本市场的价值体系才会迅速修复,政府处理危机和退市的成本才会大大降低。于是,中国才能从这样的市场环境中重新布局中国外汇储备的结构,否则,现在我们"瞎折腾"(比如现在就作出动摇美元货币体系地位的鲁莽举动),会让的结果适得其反,得不偿失。

其次,支持建立全球对"投机"主体实行统一监管模式的构想,让欧美金融体系运作的机制不断透明化,这对我们及早管理外汇资产的市场风险至关重要,也可以让我们转换和优化外汇资产结构的成本大大降低。同时,也能够为我们自己国内的金融改革和发展提供良好的外部环境。

最后,控制好中国金融市场的泡沫现象,不要过快地形成美国市场的资金流向中国市场的格局,这样美国市场流动性的下降对我们优化存量的外汇资产结构十分不利。而且,未来美国资金逆流的格局反过来又可能会对中国脆弱的金融体系产生巨大的负面冲击。

从这个意义上讲,把握不好人民币升值节奏和资本资产市场急于开放都会对中国海外的存量资产产生不可低估的负面影响。如果泡沫再被海外投机者率先挤破,那么中国海内外资产的损失就会让我们之前通过辛勤的努力所积累的宝贵财富顷刻之间付诸东流,由此进一步造成的金融动荡和经济的衰退会更加动摇我们社会稳定的基盘。

"热钱"又来了![1]

　　2010 年 11 月,在香港出现了接连几天街头排队兑换人民币的拥挤现象,再结合很多媒体连续报道的数千亿囤港热钱流入内地投机的消息,以及近期农产品接二连三涨价的问题,我们可以断定:中国经济又开始进入一个热钱进场的高峰。但是,和前几次不同的是,它来势汹汹,而且难以辨认,甚至从股市和楼市行情的冷清中,能够感觉到这次投机的策略和盈利方式都发生了质的变化。这给我们的决策部门和社会大众的风险控制带来了不小的麻烦。这里,我首先想要指出的是,因为这次热钱进场的理由较为复杂,而且它和我们国内的游资或闲资结合在一起,使得我们很难通过事先挖好的陷阱让它就范,成为瓮中之鳖。具体而言,这种复杂性体现在以下几个方面:

　　第一,由于通胀预期的强化,存在银行体系的高储蓄(不仅是个人储蓄,而且包含了很多企业储蓄)都开始变得不安起来,纷纷寻找收益来得快、来得大的投资途径。于是,热钱尾随这些信息量充分的国内游资窜来窜去,寻求无监管、高收益的真空地带。楼市管住了,那么多的农产品很难管住,等到监管部门注意到热钱的行踪的时候,农产品价格已经被炒得很高,而且那时它们已经开始寻找新的投机机会了。一句话,今天的热钱在中国存在大量闲钱的环境中特别容易浑水摸鱼。

　　第二,中美贸易之战的升级和通胀问题的日益严峻增加了市场对人民币升

---

[1]　本文首次发表于 2010 年 11 月 24 日。

值和加息的预期,再加上人民币国际化的趋势日益明显,今后赚了钱换汇的交易成本又会大大下降,所以这一切关于人民币安全投资的收益不断上升的预期都会进一步强化市场大量去吸收人民币筹码的动机。香港如今换汇的便捷性已经释放出了这种信号。

第三,金融危机爆发后,各国政府都参与了救市活动,经济效益和经济规模上都反映出,靠政府的力量,我国如今让经济发展的良好态势走在了包括欧美等发达国家在内的大多数国家的前列。于是,中国政府把经济搞好的这种决心和底气,事实上等于让这些热钱"买"了一份在中国安全投资的"保险"。即使在金融市场十分成熟的美国,如今也因为基本面的恶化而不能做到让世界的投资客安心地去获利。

第四,现在的中国经济还处在一个积累原始财富的发展阶段,社会大众整体对金融投资的偏好要高于拥有丰厚财富(或完善的社会保障)的国家和地区,而消费却因为收入和财富的制约而无法充分体现出来。于是,享有人口红利的"资本盛宴"比世界任何其他国家或地区都来得更丰盛一些,何况我们具备相当高的国民储蓄。从某种意义上讲,今天美国"放水"的货币政策起到一种驱赶我们的储蓄走出银行,迎合热钱浑水摸鱼动机的效果。

第五,美欧日目前采取的低息和量化宽松的货币政策,其目的是想摆脱本国和本地区受金融危机重创后,实体经济陷入的一种非常严重的通缩局面。但是,由于经济基本面还在恶化或实体经济缺乏新的增长点支撑,所以,大量流动性得到缓解的资金,一部分迅速进入新兴市场国家生存和发展所需要的大宗商品与农产品市场上,另一部分进入以中国为代表的高储蓄、高产出的新兴市场国家中进行"套息交易"(从美国拿成本低的资金到中国赚取高收益的资产)。前者靠"搭便车"赚钱,后者靠投资本领赚钱。

第六,港币实行的是与美元紧密挂钩的货币制度,这就意味着无论美国采取怎样的货币政策,香港都不得不跟随它采取同样的货币政策,于是,香港市民预期港元贬值的势头越来越大,再加上中国政府抗衡通胀的态度十分坚决,这样就很自然地产生了用人民币替代港元作为储备资产的动机。

内外原因纠结在一起,就进一步推动了热钱大量入场的冲动,这给中国经济造成的负面影响当然不容忽视:因为热钱进场的目的是追求高收益,所以,当楼市监管加大,进场的交易成本就自然变大,于是一些还处于低位价格的农产品就成了大量热钱和闲资追捧的对象,而且确实会产生物以稀为贵的价格效应,早进场就可以通过高价格从高储蓄的人群手中赚到他们为满足刚性需求所带来的丰厚利润。农产品价格上涨当然就会影响到中国社会整体的物价水平。而且,通胀问题对一个贫富差距较大的国家而言,很容易会引发社会不和谐问题。所以,如果我们不拿出一套控制热钱和闲资绑架农产品的有效方法,就会影响到中国经济可持续的发展。

其次,热钱的流入很容易带来资产泡沫。因为中国大众的财富追求动机较强,因此热钱更容易浑水摸鱼,乘虚而入。而且,因为通胀形成后,银行资金就会流入高收益高风险的股市和期货市场等,而政府一旦过度干预股市和其他资本市场的健康发展,又会影响到老百姓的家庭财富,从而影响到他们的消费能力和抵御通胀与金融危机冲击的能力。今天虽然我们可以通过 QFII 等渠道对外资实行有控制的开放,但是,热钱会无孔不入,会去迎合大众创造财富的需求,于是,我们总是在事后才发现它无处不在。

再者,中国社会具备很强的"学习效应"和本土优势,也在初期通过农产品的投机和股市等运作赚到了比海外热钱更为可观的收益,但是,中国实体经济如果被这种虚假繁荣覆盖的话,那么,很多产业资本也会寻找机会进场,与热钱同流合污。一旦日后热钱离场,不管我们是套在金融市场里面还是幸运地待在外面,都要为泡沫崩溃而埋单。

另外,热钱大量涌入会增加中国货币政策配合产业升级和结构调整的难度,因为大量外汇占款会带来人民币不断升值和流动性日益增加的效果,最终为了保证实体经济的承受能力,央行不得不被动地紧缩资金,从而很有可能会影响到经济发展所需要的正常的资金需求。

当然,我们也不能否认的是,这些热钱非常不听话,某个阶段它看似很安静,甚至让我们麻痹到认为可以用它来为产业的发展贡献力量,但是,美国加息或韩朝开战等地缘政治事件一旦发生,就很有可能会出现大量外资集体离场的现象,1997 年亚洲金融危机就是这种悲剧发生的最有说服力的案例。同时,因为这种集体离场,很有可能让我们国内的资本过度反应,给中国经济的发展蒙上厚厚的阴影。

基于热钱对中国经济发展的这些危害,我们应该拿出有效的治理办法。但是,由于热钱在暗处活动,我们的监管在明处,所以,简单地挖一个陷阱让它们愿者上钩确实有点太乐观了,这里,我想从"堵"和"疏"两个方面来谈点政策建议,以提高控制热钱的负面效果的能力。

在"堵"住热钱方面,我们可以考虑下面的政策组合拳:

第一,加强外汇管理和资本管理。尤其是外管局、商务部、银监会、证监会等部门之间要保证信息的畅通和政策的协调。

第二,发现问题要及时采取惩罚制度。甚至在问题多发的市场中,可以率先增加起到"托宾税"作用的交易费用。

第三,有的放矢地采取一些交易数量上的限制。虽然它是双刃剑,但是它可以让热钱等不起,使其自动立场,到时候我们可以再放松管制。

第四,继续严厉打击商品市场中的投机行为,以此降低市场通胀的预期。

第五,对产业资本也要制定法律和规章制度,打击那些违规使用资金的行为,尽快杜绝挪用资金、滥用公款等行为,从而在一定程度上缓解流动性泛滥的问题。

第六,通过对汇率的双向干预调整以及增加进口等手段来缓解人民币单边升值的预期,同样要通过诸如动用战略储备、调节市场供需失衡结构、打击投机等控制物价的有效方法来减少市场对加息的预期。

在"疏导"热钱方面,我们也有一些可以考虑的政策:

第一,通过诸如增加遗产税、降低企业所得税等税收杠杆,让今天的很多金融投机资本转变为扶持产业的慈善资本(减少资产泡沫)。至少让热钱不要躲在闲资当中,让我们的监管无从下手。

第二,引导游资或热钱集中在一个金融投资场所,这样便于监管,也便于用它来为实体经济服务。从这个意义上讲,选择股市要比楼市好。只要让有希望的企业在制度和监管的保护下将低成本的资金转变为利于国家发展的产业资本,就可以解决今天流动性泛滥的问题。

第三,还要继续鼓励外资企业进行中长期的实业投资,通过中国经济的发展给大家带来双赢的效果,但我们也要防止本国企业在合作经营中卷入到"货币错配"(短期借款,长期运用)的漩涡中。

除此之外,我们也要采取一些防范措施,避免"惊动"热钱趁我们不备之时集体离场,并让中国市场因此产生过度反应。这要求我们尽快解决影响中国经济基本面恶化的几个不利因素:一是控制好地方债务的问题,缓解中国金融机构的信用风险。二是要采取相互协调的政策体系,不要让热钱利用我们互相冲突的政策来赚取他们无风险的收益。比如,在汇率保持稳定的同时推动人民币国际化的进程。三是要注意保证银行健康的经营状态,也就是在强化银行信用创造管理的同时,也要提高银行中间业务的盈利能力。否则,银行的储蓄资源在通胀预期的陪伴下很容易会和那些不听话的"热钱"一起兴风作浪。最后,我们还要建立一套透明化的预警机制和干预措施,防止市场在突发性政策实施面前出现过度反应,真正做到在打击热钱的同时,也不会伤到我们今天经济发展所需要的健康资金。

为何"人民币国际化"要提速?[①]

美国引发的"金融大海啸"让中国大众明白了"管理财富比创造财富更重要"的道理。但是,对于中国目前所处的经济发展阶段和人均收入较低的经济状况而言,通过贸易和直接投资的方式融入全球化、完成原始财富积累的做法,其"利"还是要远远大于其"弊"。于是,顺应这种发展规律的客观需要,如何提高对"存量"外汇储备资产的管理能力,如何在创造"新增"财富的过程中提高人民币的主导权,就是摆在中国政府面前最大的两个有关"财富管理"的课题。最近,中国政府减持美国国债同时增加外汇储备使用的多种方法就是其中的一个最突出的改变"财富管理方式"的表现。近来还有一个突出的变化,就是中国政府在配合人民币国际化战略的全面展开,以出人意料的速度加快了资产账户的开放程度。为此,本文以下想着重分析一下:近期这些开放战略的具体意图是什么?未来要想取得实质性的进展还需要哪些条件?世界金融的格局会因此发生怎样的变化?

一、克服中国金融体系"软肋"所作的"人民币国际化"的"战术"安排

众所周知,由于我国金融市场发育得还很不健全,"资产价格"暴涨暴跌的

---

① 本文首次发表于 2010 年 8 月 22 日。

状况还很常见，投资"机构化"（专业化）的程度和水平还很有限，所以，对持有人民币的境外投资者开放中国内地目前较为"脆弱"的金融市场，风险确实很大。但是，作为一种国际货币，不仅要为庞大的贸易和直接投资所带来的货币支付和结算需求提供方便的服务，而且，也要为所有实体经济活动中"盈余"的人民币提供抑制通胀风险、汇率风险的保值和增值渠道。而恰恰是后者的"服务不到位"和"功能缺失"暴露出了中国金融体系目前阻碍人民币国际化的最大"软肋"。于是，在人民币结算服务刚刚开始启动的时候，参与交易的主体十分有限，仅仅局限于中资境内外机构自己互相之间的人民币结算活动；而外资机构之所以没有参与进来，就是因为人民币的国际化功能还不完善的缘故。

那么，为什么改革开放已经经历了 30 多年，我们还不能够像美元、欧元和日元所在的国家和区域一样，给所有境外投资者提供同等的国民待遇呢？说到底，还是因为我们今天的发展阶段和消费能力无法独立支撑中国大众完成原始财富积累的需求，所以，保持汇率水平的相对稳定、保持金融体系运作机制的可控性，从而保证企业有足够的动力和控制成本的能力来依托国际的大市场实现利润增长，是我们现阶段重视就业、重视民生、保证经济发展的必要条件。但是，一个被管理的汇率水平和受到高度监管的金融体系，在境外投资者看来，则会大大增加他们的持币成本和"变现"能力。因此，这也就影响了他们参与人民币国际化进程的积极性。

为了缓解这种"两难选择"，中央政府采取了内外两条腿走路的方法：一是大力发展香港人民币债券离岸市场，从而给境外持币者提供一个合理的投资渠道。为此，我国政府提供了以下一些方便来培育这一市场的发展。一是允许香港金融机构享受"小 QFII"的特殊待遇进入中国资本市场，从而弥补中国资本账户对外不开放所暴露出的人民币国际化的一个"软肋"。另外，更希望境外人民币资金能够直接进入他们信得过的实业生产部门。麦当劳人民币债券在香港的发行就充分说明了这一点。二是鼓励各国央行、境内外的外资企业和机构多使用人民币开展商务活动,政府开始部分容许他们直接进入中国内地的银行间债券市场进行投资,这大大降低了只有通过"离岸"市场才能投资"在岸"人民币资产所带来的额外的"交易成本"。

值得注意的是,目前我们所推进的上述资本账户开放的模式都是充分考虑到了中国经济和市场的承受能力的。比如,在香港离岸市场购买人民币债券是完全开放的,而只放开香港机构资本来华投资却是我们相对可以控制的。这避免了完全开放环境下热钱大量涌入对我国金融体系可能带来的巨大冲击。另外,我们只允许境内银行间债券市场对外开放,也是考虑到这一市场流动性较强,机构化程度高,理性投资的成分大,参与这一市场的中资机构抗风险的能力普遍较强,而且,我们一开始对这三类机构的境内投资规模也作了限制,即使有些外资想"兴风作浪",也会感到"力不从心"。很显然,现在政府的"开放"措施还是想尽量做到万无一失,而不是急于求成,不顾国家现有的市场和监管的承受能力,一下子就把所有的投资方式都对外开放。

二、保持宏观经济稳定需要把握好"人民币国际化"的"进度"和"强度"

由于目前"人民币国际化"的进程是在中国"不完全市场"的模式下展开,它会遇到很多障碍,如果不排除这些障碍,好高骛远,急于求成,那么中国独立管理好财富的这一美好愿望,就会像当年日本政府力推日元国际化那样,最终被无情的金融危机彻底断送。

第一,发展阶段约束。中国目前人均收入水平排在世界的第93位,再加上社会保障体系不完善等后顾之忧的存在,中国经济发展的自然动力就在于创造财富方面,而不像人均收入排在世界前十位的发达国家那样可以靠内需和随之而来的服务业来支撑经济的增长。于是,为了保持制造业的成本优势及降低不确定性,就不得不牺牲金融市场的效率来管理汇率、利率以及资本市场的开放度等这些影响企业融资成本和投资收益风险的"金融要素价格"。东亚国家直到今天还在直接或间接地采取这样的"金融抑制"措施来保证实体经济部门的出口竞争力。

第二,制度约束。正如上面所阐述的那样,在目前的发展阶段,人民币汇率的市场化推进和人民币资本账户的开放不可能马上到位,这就给人民币国际化带来了制度性的障碍。再加上我们缺乏保证人民币国际化业务健康发展所需要的一整套成熟的法律、会计和监管体系,而要改变这一切,就需要先完成结构调整、增长方式改变和制度建设与完善等十分艰巨的任务,然后才能做到像美元,至少像欧元和日元那样的国际化程度。还有,中国社会擅长用"模糊原则"和"随机应变"的战术来应对未来千变万化的"不确定性",即使我们的立法变得越来越多,但执法力度和透明性却仍然亟待改善;而欧美成熟市场则强调事前的"合约的完美性"和由此带来的"信息披露完全"的强制性要求,以解决未来"收益"与"风险"公平分配的问题。即使出现合约事后"不完全"的问题,也会死守事前达成共识的原则,以保证人们对合约执行的信赖性,从而起到"法律治国、制度治国"的长期效果。这次,奥巴马在强大的外压下,破例打破规则,立刻叫停华尔街金融高官高薪高奖的实行,而不是像以往修订"游戏规则"以后再对出现的"新违规事件"履行它的制裁功能,这实在是一件美国"史无前例"的壮举!

第三,市场约束。由于中国金融体系的改革和发展起步较晚,中国金融机构的业务大量集中在传统的信贷业务上,所以,虽然我们没有在这场危机中受到像欧美银行那样的致命打击,但是,我们"大而不强"的弱点经不起完全开放后带给我们造成的冲击。另外,中国资本市场发展更为单一,市场的投资文化和金融产品的缺失很容易引起追涨杀跌的格局。这也是非常不利于人民币走向国际化的重要因素之一。最近,整顿楼市和银行业、加快资本市场建设的一系列举措可以看成是正在为金融开放和汇率、利率市场化在打着坚实的基础。

第四，人才约束。我们缺乏一批能够胜任国际金融业务的人才团队。这次美国金融危机在很大程度上是因为金融创新的滥用问题。而中国制约人民币国际化的因素恰恰是我们缺乏金融创新的能力。这些从我们主权基金的投资业绩不佳和中资企业外汇管理亏损的报道中就可见一斑。当然，我们在重视人才团队建设问题的同时，也要防患于未然，应吸取美国对人才激励机制存在漏洞的经验教训，尽快建立人民币国际化业务所需要的健康而又充满活力的人才管理体系。

第五，文化约束。这表现在美国大众消费的欲望促成了"美元输出"的进程上。从本质上讲，美国长期以来的金融创新打破了消费者购买力的约束，支撑了美国贸易逆差的格局。将来，中国如何接受贸易逆差（甚至有悖于我们勤俭节约的文化）的格局、输出人民币而不至于导致本国金融体系和经济发展出现不安定的因素，这也是需要我们努力探索的问题。它给我们带来了改变消费观念、建立新的消费文化等从未有过的价值观挑战。另外，美国通过强调金融创新来强化美元主导的货币体系，大量的外资即使在今天美国金融体系动荡不安的格局中还依然选择持有美国国债，从而导致美元指数大幅增值。而亚洲国家更多的是强调金融监管，通过控制金融风险，甚至是抑制金融创新（管理汇率和利率等影响金融资产价格的关键指标），来保证自己的实体经济部门能够获得低成本的资金和高额的生产与出口收益。所以，未来当人民币在国际化推进过程中遇到挫折的时候，是消极地关闭这种产生高风险的金融创新环境，还是强化我们的制度建设以提高我们应对风险的能力，这也是关系到中国能否做强金融、提升我们经济核心竞争力的重要因素之一。

第六，增长模式的约束。今天美元主导的货币体系之所以在危机中也能表现出它的强势，关键的一个要素就是美国的核心竞争力没有出现本质上的动摇。美国依然以它拥有世界一流的品牌、技术以及超强的标准制定和研发能力,甚至没有遭到重创的金融风险管理能力(美国金融风暴形成的原因是滥用金融创新问题,是金融机构道德风险恶化的结果)吸引着国际资本,并没有出现市场"用脚投票"所带来的美元超跌的状况(美国印钞的举措并不能改变流动性恐慌中人们对美元的"偏好")。从这个意义上讲,如果中国不能及时根据发展阶段的改变来加快产业结构的升级和转变,固定投资、加工贸易和就业保障目标客观上依然是维持中国经济增长和社会和谐无法摆脱的"重中之重",那么,人民币国际化的进展在目前的发展阶段就很难有质的"突破"。

总之,我们一定要走出一条"适合中国国情"的"人民币国际化"的道路,而任何无条件的"效仿"和"超越"成熟市场的做法都是非常危险的。

三、防止全球过剩的"流动性"催生中国"非理性繁荣"的格局

布雷顿森林体系(美元金本位)解体后,美元霸权的地位并没有在新的"信用本位"体制下出现明显的下降,相反,在美国金融市场日益强大的背景下,以及在美国经济核心竞争力日益提升的状况下,美元主导的国际货币体系日益巩固。尽管"信用本位"体制理论上要求一个"国际货币"同时得发挥三大功能,即支付和结算功能、保值和增值功能以及定价功能,而目前美国也很难做到十全十美,有些方面、有些时间段内,欧元、日元的作用要比美元更大,但是,美国经济的"软实力"却告诉了我们美元霸权地位难以撼动的秘诀——这就是被市场公认的强大"基本面"推动了其在市场中的地位。这一特征是无法用"信用本位"的"功能"概念诠释清楚的,只有引入"实力本位"的概念才能理解美国的霸权在金融危机中也很难撼动的理由——即美元的地位是由美国的核心竞争力(军事、创新、科技、品牌、教育等)所支撑的,而不简单是"美元信用"的优势。

相反,历史上德国马克曾借助欧元的"壳",利用区域经济的规模性优势走向了国际化,但是,它牺牲的不仅仅是自己的主权货币和捍卫其价值的中央银

行,而且,它必须加入欧元区——和所有成员国一起绑在一个共同的货币上来推动本国的经济增长和就业水平。事实上,欧洲中央银行作了最透明化的捍卫欧元价值的承诺——即钉住通胀率的单一目标货币政策,放弃根据其他经济指标改变货币政策的做法。于是,这种失去灵活性的货币制度,在今天"欧债问题"出现的时候没有发挥原来主权国家应该发挥的作用。于是,对德国而言,今天欧元价值的损害虽然不是来自于本国通胀的压力,而是来自于市场投机的力量,但是它比本国通胀更厉害。正是因为市场看到了欧元这一制度上的缺陷,欧元才出现了大起大落的震荡格局。

日元升值虽然和日本制造业的强大一起,曾经一度在贸易和投资结算中发挥了十分明显的替代美元的作用,为其他国家提供了本币升值和本币国际化战略的成功案例,但是很快,一场"非理性繁荣"让日元国际化的梦想付诸东流。随着日本泡沫经济的崩溃,日本央行陷入了两难的选择,最终不得不放弃强势货币的战略而选择用低息的做法来提升日本制造业在海外的竞争力,于是,人们开始注意到这种选择"先把经济做强"的思路让日元沦落为今天全球"套息交易"的投机筹码,而并没有看到它给日本经济带来了什么明显好转的迹象。

今天,人民币国际化所面临的挑战是,我们既没有像日本当年那样制造业已经具备很强大的"硬件"基础(当时这在一定程度上提升了日元作为国际清算货币的优势地位),也没有像欧盟经济体那样特殊的区域合作条件,能够让我们立刻建立起达到大家"共识"的、以人民币为主的"货币圈"(华侨经济区域中的人民币圈不具备欧元圈那样的"信用本位"功能),更没有像美国那样强大的"软实力",让我们现在就成为"信用本位"机制下的国际主导货币。尤其值得注意的是,由于今天欧美金融体系的"信用"条件在国际舞台上大打折扣,"后危机时代"世界"更为过剩"的流动性,很可能汇集到储蓄集中的地区和国家,形成一个世界超繁荣的"资本盛宴"时代。而在人民币国际化不断推进中的中国,因为具备健康的基本面和非常美好的发展前景,很可能就是下一次成为"世界资本"最耀眼的中心地带,于是,很快我们就会注意到,欧美政府就会像今天要求人民币汇率市场化改革的迫切心情一样,会强烈要求中国等储蓄大国尽快完全开放金融市场以达到充分发挥他们本国金融机构强大的竞争优势的效果。所以,人民币国际化战略,虽然很难做到"韬光养晦",但也千万不能让暂时的表面成绩冲昏了头脑,盲目夸大自己的实力、贬低别人;一定要根据中国的国情,并争取世界其他国家建立在"共赢"基础上的支持与合作,按部就班地向前推进,稳扎稳打,步步为营。否则,人民币国际化的未来,会因为大刀阔斧、感情用事的盲目举措而导致最终的结果完全事与愿违,适得其反。

美国"放水"、中国"建池"![①]

从 2010 年国际金融资本大举进入新兴市场国家和我国宏观经济正在发生的一些变化态势中,我们已经感受到美国量化宽松的货币政策不仅给世界经济增添了很多不确定的因素,而且也给我国政府目前为了实现经济发展方式的转变而正在进行的结构调整战略带来了一些不可忽视的挑战。为此,本文将从以下几个方面对此问题展开必要的分析,并在此基础上提出一些目前政策实施过程中应注意的问题和今后可采取的一些政策建议。

首先,分析一下美国量化宽松货币政策的意图。这主要体现在对以下两个状况的改善意图上:

一是试图改善美国国内资不抵债的状况。最直接的效果是通过向市场注

---

① 本文首次发表于 2010 年 12 月 10 日。

入资金后,争取获得资本市场价格出现明显的反弹的效果和改变现在实体经济部门价格低迷的通缩现象。一方面,如果股市和楼市出现转机,企业、机构和个人的资产价值都会上升,那么,政府就不用担心金融机构资不抵债的问题进一步恶化,企业的融资能力就将得到恢复,而且老百姓因为投资财富增加,偿债能力提高,还会促进消费。另一方面,如果商品市场价格上涨,那么,企业的利润就会得到改善,就业人群的工资待遇下行的压力就会大大缓解,从而企业与个人的还贷能力也会因此而大大提高。再者,增强市场的通胀预期,导致个人消费现在就不断增加,而企业投资规模也由此被进一步推动。

二是试图改善对外资不抵债的状况。通过美元在世界经济所扮演的特殊地位,使得量化宽松货币政策带来全球通胀水平提高的效果,从而导致美元的对外债务实际负担在美元贬值的环境中大大降低(一种变相的"赖账"方法),而且,美联储购买美国国债的行动,事实上推高了美国国债在二级市场中的价格,降低了美国国债收益率,从而逼迫对美贸易顺差国家(外来资金)进入美国的股市和楼市,以此共同推高美国资产价格水平。否则,就等于美国政府能够以更低的成本获取外来的"债务"。另一方面,美元贬值的效果又可以提高美国企业在国际市场上的竞争力,促进美国企业的出口增长,改善它直到现在为止还在不断扩大的贸易逆差结构。

总之,美国政府宽松货币政策的意图在于解决美国金融机构、企业和个人资不抵债的问题,以此促进美国经济"造血功能"的早日复苏。但是,美国这种国家利益至上的货币政策在今天全球化的环境下给世界增添了许多麻烦,如果不注意"度"的话,可能反过来会影响到美国量化宽松货币政策的效果,甚至会损害到支撑美国经济成为世界领头羊所需要的货币主导权的地位。

其次,评估一下美国量化宽松货币政策的国内效果。现在看来,美国执行的"超宽松"货币政策所产生的实际影响,无论是对内还是对外,都呈现出一个较复杂的状态,无法在今天就能判断出它们为美国经济带来的是"利益"还是

"损害"：

一是美国非农就业人口虽然重新开始增长，但就业市场的复苏还是非常缓慢。不可否认，从2009年12月以来，在量化宽松货币政策的环境下，美国非农就业已经增长了87.4万人，失业率则从10%下降至9.6%，但从2010年5月以来，失业率却基本没有变化。

二是服务业就业超预期扩张。2010年4月，美国私人服务业新增就业17.4万人，为危机以来就业单月扩张的最高水平。虽然美国服务业部门从2009年12月以来保持了持续的扩张，但扩张力度与以往经济复苏阶段相比，仍比较缓慢，这也是本轮失业率下降缓慢的主要原因。

三是房地产行业的衰落是造成当前失业率居高不下的主要原因。与2007年第4季度相比，房地产从业人员减少了20%，而剔除掉房地产、制造业以及汽车零售之后的非农就业在此期间仅下降了2.4%。而且，从2009年第3季度开始，房地产相关就业并没有出现改善。

总之，美国量化宽松的货币政策并没有解决房地产泡沫崩溃所带来的高失业率问题，但意想不到的结果是，在这种货币政策的刺激下，美国的产业结构却发生了值得关注的变化。那么，这种变化究竟是来自于市场的力量还是来自于政府的力量？我们需要进行进一步的观察和深入的分析。这里我们想特别强调的是，如果是基于金融机构自身造血能力的复苏所带来的结构变化，而不是美国政府刻意追求的改变，那么，即使服务业比重有所增加，美国政府还是很有可能"一意孤行"地去继续推行宽松量化的货币政策，直到失业率明显降低为止。如果这一结构变化现象是美国政府的产业政策在其宽松货币政策的配合下所发挥的积极作用，那么，只有当美国经济新的增长点真正开始形成、就业压力明显好转的时候，美国的量化宽松货币政策才会退市。不过，无论是哪一种情况，目前看来都很难准确地判断出美国量化宽松货币政策停止的时间。但有一点可以确定：美国宽松的货币政策持续得越久，给世界经济造成的负面影响就会越大。

最后，考察一下美国量化宽松货币政策的溢出效果。出于美国利益至上而实施的美国低息政策和最近新一轮购买 6000 亿美元国债的举措所带来的量化宽松的货币供给环境，已经在国际农产品市场、大宗商品市场和储蓄丰富、经济增长速度快的新兴市场与亚洲国家中产生了不容忽视的对外溢出效应：市场出现了放弃"软通货"，过度追捧"硬财富"的动荡局面！

由于货币在国际贸易和投资中充当世界结算货币角色的欧美国家还处在金融危机所带来的经济低迷的状况中，所以，它们一采取宽松的货币政策，就会直接影响美元和欧元的稳定性，就会使世界经济的"交易成本"大大增加。另外，美欧货币"放水"还会严重影响到市场中大量持有的、以它们币种构成的金融资产的价值，以及各国政府手中所掌控的外汇储备资产的价值。据英国权威机构统计，到 2007 年为止，主要发达国家通过金融衍生品的创新已经向市场投放了超过实际财富规模 8 倍之多的流动性，而在目前这一阶段摆脱金融危机困扰的救市活动中，欧美政府非但没有通过让金融泡沫彻底破裂来吸收这些华尔街创造出来的多余流动性，反而通过注资行动让这些流动性继续复活了下来，甚至又开始不断繁殖和膨胀。于是，为了逃避美欧货币泛滥的影响或弥补金融投资的损失，根据"物以稀为贵"的原理，生活中不可或缺的农产品、经济发展不可或缺的大宗商品都在被金融资本所吞噬，从而造成了稀缺或有限的农产品价格和大宗商品价格一路上扬，而此时全球并没有让我们看到已经出现了围绕一个新的增长点不断做大财富的商业机会，这也就是说，接下来美欧宽松的货币政策会直接导致世界通胀水平不断攀升而经济增长依然低迷、市场活力日益恶化的"滞胀"局面。

另一方面，我们也应该注意到，国际金融资本在回避股票、债券和金融衍生产品长期投资的同时，除了增加大宗商品和农产品的投资比重外，还开始觊觎包括我们中国在内的那些远离金融危机重灾区、具有高储蓄水平（贸易顺差大）

和制造"硬"财富能力的新兴市场和亚洲国家,造成了这些国家的货币不断升值、成本输入性的通胀日益严重和资产泡沫不断膨胀的局面,使得这些国家的央行不得不采取和欧美完全"对立"的从紧货币政策,不知不觉地承担了全球资本大量流入所带来的日益严重的市场风险和经济风险。只有日本例外,仍然保持和欧美一致的宽松货币政策,这又使得这个地区的其他国家更加处在一个流动性泛滥的冲击环境中。

接着,让我们来思考一下在欧美日国家这种宽松量化货币政策的环境中,我国宏观经济运行以及所采取的宏观经济政策将面临怎样的挑战。我想可以从以下几个方面来看:

首先是抑制通胀的问题。抑制通胀的压力会不断增大,理由主要有四点:第一,中国目前还是以投资为主导的发展方式,而且工业资源很大程度上依赖进口,所以,国际大宗商品价格的上涨会很容易传导到我们最终产品的价格的设定中。第二,中国物价指数中农产品的影响力很大,再加上我们有相当一批低工资收入群体,农产品价格上涨后会直接影响到他们的生活质量,任其发展下去会带来社会不和谐的声音,有时甚至价格并没有上涨很多,但由于通胀预期会产生过度反应,所以,不可以简单地通过涨多涨少来判断通胀问题的严重程度。第三,中国社会目前大多数人都没有完成欧美发达国家所经历过的原始财富积累的阶段。尽管他们今天有了相当的资金积蓄,但是一般情况下都会安定在我国以银行为主导的金融体系中,不会集中消费或集中疯抢高收益高风险的金融资产。只有当银行的"负利率"问题越来越严重的时候,大家才会不得已去提前囤积以后的生活消费品或将储蓄拿出银行投到股市或楼市中。不管是哪一种选择,都会增加通胀的风险和资产的泡沫。第四,中国少数富裕阶层和大量有资金实力的热钱会因为通胀风险的增加而偏向投资收益高、又有良好的基本面支撑的金融资产。看上去他们只是资产泡沫的推手,但是,最近它们中的一部分人已经不满足受到监管的金融市场给他们带来的机会,把充裕的钱投向了数量有限的农产品市场上,加速了中国通胀问题的恶化趋势。所以,这些"合力"让我们看到中国政府的责任非常巨大,而采取简单的加息手段又无法解决上述推动通胀上扬的各种问题,甚至会因为热钱的增加反而使问题变得更加复杂。

其次是抑制资产泡沫的问题。上面也提到了负利率现象和热钱流入的压力会让我们的金融资产价格日益上扬,泡沫问题更加严重。除此之外,我们还有其他几个因素在推动市场的泡沫增加:比如,中国的投资渠道和市场的成熟度非常有限,这样资金很容易集中在一个市场或一个板块,于是,资金推动的财富效应立刻就可以盖过基本面所支撑的财富增长的要素。这就是资产泡沫的一个基本特征。另外,中国正在推动人民币国际化以摆脱货币和金融资产受欧美国家控制的不利局面。但是,这是一把双刃剑,尤其是欧美国家如今处于货币放水的时候,大量热钱会想尽各种办法进入中国这个目前很适合他们"赚快钱"的地方。如果我们对这个问题没有足够的重视,那么,1985年日本的"泡沫病"很容易先在我们少数开放的城市中出现,这样就会很快干扰其他城市正在进行的健康的结构调整活动,因为经过改革开放30余年,中国经济市场化的程度已经很高了,所以,如果实体经济的投资效益远远赶不上短时间内金融投资的财富效应,那么大量的产业资本就会不知不觉地转变成金融资本,一起进入到一个可怕的、由资金推动的财富创造活动中。当然,我们不能否认,在今天的发展阶段,中国大众为了尽快让自己的未来衣食无忧,追求财富增长的动力甚至要比西方成熟市场国家的大众更强烈,如果考虑"民富"的问题,就不能轻易地过度打压资产价格,从而带来市场的恐慌,而这一点"软肋"又恰恰会让投机资本停留下来,从而增加了国内资产泡沫的风险。

再次是本币大幅升值的问题。因为美欧日宽松的货币政策使得他们的货币价值没有了利率支撑,走出了一种涨跌不定、极其没有规律的态势。而资源类国家和产品制造(出口)类国家的货币却因为贸易顺差扩大、利率水平较高的缘故而不断大幅升值。这一现象带来了一个复杂的问题。从升值这一价格效应的角度看，它推高了出口产品的价格，可以把通胀传递给发达国家，而由此带动了它们本国经济走出通缩，而欧美企业可以利用自己货币的竞争优势和技术的竞争优势来抢占被新兴市场国家占领的市场份额。但是，从大量放水的通胀效应看，新兴市场国家的老百姓因为通胀，造成自身财富的实际价值在缩水，即使美国东西便宜，大家也会因为口袋里的财富越来越少而节衣缩食，根本起不到美国所期待的增长回暖、扩大就业的目标。而这些货币升值的国家却有可能让产业空洞化、投资虚拟化的问题变得更加明显和严重，因为一部分不愿搬迁的企业会加入到这场分享货币升值、利率上升所带来的无风险的中国资本盛宴中。所以，人民币市场化与国际化不能在这个时候急于推进，而要做到这一点，需要我们在资本账户项下具有较高的掌控能力。

最后，我们提出一些怎样利用外部环境为我所用的机遇和策略。根据上面的分析，以下是一些基本的建议。

一是通过政府大力扶持一些有条件转型的企业去提升盈利空间，克服成本上升对我们造成的影响。虽然看上去最终产品的价格没有回升，但是我们的需求并没有因价格上升而减少，反而利润会集中在一些高端产品上。这样工人的工资就会出现增长的空间。至于支撑这一高利润的需求要素，可能不一定局限在海外市场，而恰恰我们自己有一批数量不多的"财大气粗"的消费群体，他们正因为对国内的产品质量和服务水平严重不满，才会亲自走出国门到国际市场进行大量消费。如果我们能够瞄准国内的这些高端客户，通过创新、效率改善、服务质量提高等手段赢得市场的份额，那么，高收入人群通过他们的自愿消费把他们的财富转移给为他们提供产品和服务的中低收入阶层的手中，这比收入再分配的税收政策效果要更加明显，更加可持续。在这方面，最大的问题就是创新投资的融资风险、拿钱创不了新或者"挂羊头卖狗肉"的道德风险，以及一流产品的专利和市场保护不到位、产品的有序服务不足等，国家要担负起解决这些问题的主要责任。如果我们能够引导外国的流动性进入到中国高风险高收益的创新类产业中,那么就可以大大降低流动性挤压在我们不成熟的金融市场中的问题。前提是我们的监管部门要做到不能让他们"挂羊头卖狗肉",否则就会引狼入室。

二是要拿出有效的手段控制物价上涨。而用利率手段追赶物价的方法会造成通胀上升渠道的复杂性,因此控制效果会不断减弱,对实体经济复苏的负面影响反而会大大增加。所以,我们要严厉打击农产品市场和大宗商品市场的投机行为,利用战略储备或多渠道调集等方式来增加市场的供给能力,抑制通胀预期的形成和加深。在有把握而且有必要的情况下,甚至可以控制一些投资领域中对资源不必要的消费,减少市场需求的压力。

三是要大力发展我们的金融市场,增强它分散风险的能力。除了硬件上要增加品种和交易平台之外,更关键的是要培养一批有社会责任感的专业化投资团队,而这种责任感除了通过日常的职业伦理教育来培养外,关键还是要有一套规范的、奖惩分明的监管制度。从这个意义上讲,扶持创新的"垃圾债"市场的培育和发展可能要比创业板对国家的贡献更有积极意义,而且也更可行。因为今天我们的金融体系还是以间接融资为主,而垃圾债是介于直接融资和间接融资手段之间的一种方式,需要专业化的团队介入才能完成。所以,只有当我们老百姓的理财行为能放心地交给专业化投资团队,而专业化的投资团队又能在良好的投资环境中靠真本事创造财富,那么,热钱进场想利用它们"战无不胜"的金融逻辑来赚钱才会很难得逞。我认为这才是一个真正能够让热钱沉淀下去而不会兴风作浪的池子,它要比现在央行的对冲手段强上几百倍。不过,现在我们不得不承认的是,我们还没有准备好。轻举妄动地开放资本市场会引火烧身。

四是要把握好人民币国际化和外汇管理的"度"与"质量"。如果人民币国际化推得过快,而我们自身的金融体系又很疲软,那么,今后"挂羊头卖狗肉"的问题会越来越严重,等到我们意识到问题的严重性时再去干预,已经为时过晚了。所以,对于目前出现的贸易顺差、外商投资激增现象,我们不能简单地将其解释为欧美经济开始复苏,而很有可能是由于人家为了拿到人民币筹码去参与中国资本盛宴的缘故。尤其是在最近的进口贸易结算中,越来越多的贸易伙伴愿意用人民币结算,我们也千万不要误解这是因为中国的人民币今天已经拥有了替代美元的强势地位。当然,金融监管过度,就会连"好细胞"一起杀伤,目前中国银行业负债比重过高而缺乏业务活力的现象要引起我们高度的重视。同时,我们也应该注意到,日本采取了"什么都不想要"的防卫措施,与美国政策同步,又降息又增加流动性,而我们是否能做到借助国际流动性多的机会为我所用,关键的一点就是我们不要对自己的能力过度自信,而是要谨慎对待,处理好上述各种关系,我们是可以变消极为积极的应对战略,分享到世界经济健康发展的"多赢"效果的。

五是加大海外战略投资和并购的步伐,缓解外汇占款问题所带来的流动性过剩的压力。最近,"软"通货转向"硬"财富的市场行为已经开始波及美国国债市场,如果以大量抛售美债导致美国启动第三轮宽松货币政策来解决流动性不足的问题,那么,中国的巨额外汇储备就面临着严重缩水的压力。否则,我们反而会因为美债收益的上升而获益。现在看来,前者的可能性更大! 所以,我们也要将外汇财富的结构作一些规避通胀风险和汇率风险的调整。鼓励企业,尤其是民营企业"走出去"也是一个值得探索的道路。

六是要处理好我们与周边的贸易伙伴和投资伙伴的关系,争取以局部让利换取整体的安全,千万不能因小失大。所以,今天在我们自己加大欧美国家的采购规模的同时,也要呼吁世界各国加入到这个行动中,尽快让占有货币主导地位的欧美国家走出通缩的阴影。此外,我们也要联合更多的国家形成合力,有效地制止美欧日超宽松货币政策的持续推进。当然,两手准备不可缺少,与更多国家建立贸易投资甚至货币联盟也是必要的。但我认为,在今天国际经济失衡的格局中,短时间内"破旧立新"的策略是有风险的,因为旧的势力很强大,会干扰我们创新的步伐,甚至会故意把我们的改革创新的立意引导到"中国威胁论"的歧途中。只有当我们把国力做强,才能真正靠市场"用脚投票"的机制来赢得越来越多国家和地区对中国经济和人民币的信任。那时,中国一定是以技术强国、经济强国和金融强国等多样化特征矗立在世界经济的舞台上。而今天,我们的大战略还是要韬光养晦,只不过战术要变得比以前更"张扬"一些(比如加强与其他国家和地区多渠道和多方式的交流和互助活动等),否则,世界经济第二大规模的中国就会受到更多本不应存在的内外力量的牵制,有的甚至是因为对中国不了解或受到别有用心的政治利益集团的蛊惑而产生的误解所致。

中国绝不能跟美国一起犯"低级错误"![1]

美国会众议院 2010 年 9 月 29 日以 348：79 的投票结果通过了《汇率改革促进公平贸易法案》,这项旨在对所谓低估本币汇率的国家征收特别关税的法案,可能为美国有关行业或企业以所谓人民币币值低估为由,对中国输美产品提出反补贴诉讼打开了方便之门。众所周知,自金融危机爆发以来,美国等发达国家政府因为无法通过培育"新的增长点"来彻底摆脱危机对本国和本地区经济的严重影响,故经常把"人民币汇率"拿来说事,以缓解自己可能会受到的来自国内纳税人不满的指责所带来的社会压力。事实上,无论是欧美的有识之士,还是中国善于学习和理性分析的学者,都已经通过大量的历史资料和严谨

---

① 本文首次发表于 2010 年 9 月 30 日。

的学术分析,充分论证了汇率升值对包括美国在内的贸易伙伴国的顺差或逆差水平没有直接影响这一基本事实。所以,从这个意义上讲,美国众议员通过的这项法案再一次表明了美国一些激进的政治家们无视经济学的客观规律和中美企业家和消费者长期建立起来的双边利益关系,只是出于自己的政治利益和所谓的国际霸权地位,试图把"人民币汇率"问题推向政治化的泥沼之中。

根据美国的立法程序,众议院通过的法案将提交参议院审议。法案如在参议院也获通过,将提交给总统签署,尔后就会成为法律。但是,一旦美国一手策划的这一"政治败笔"最终成为事实,那么,它带给中美经济关系的负面影响将是深刻和长远的。

首先,中美贸易失衡的问题今后就很容易跳过市场自身固有的调整机制,即按照各国"比较优势"所建立起来的自由贸易的关系(国际分工的格局)将被打破,美国会率先动用单边的法律机制来遏制正常的市场贸易关系,这会进一步激发全球贸易保护主义势力抬头,从而世界经济很有可能因此倒退到封闭经济的状态。这更加不利于世界经济尽快摆脱金融危机所进行的市场造血功能的培育。长此以往,全球"和平共处"的稳定局面都有可能被破坏!

其次,"日本病"的问题会因为美国的这种大国沙文主义态度而波及到顺从美国意愿的那些美国的贸易伙伴国家中。也就是说,汇率的大幅升值将导致一些国内消费能力不足的国家的企业不得不走出去,去寻找汇率相对还能保持竞争优势的、更易生存的投资环境,从而对美的贸易顺差并不会出现显著减少,可是,货币升值的国家却会出现产业空洞化的现象,失业率大幅增加,而且,由于本币升值,本国金融资产价值相对欧美国家而言都会出现大幅上调,很容易引导失去方向的产业资本进入到泡沫日趋严重的资本市场中。日本就是在日元升值后出现了股市和楼市双重泡沫的现象,这些很快将其拖入了金融危机的深渊。日本政府宽松的货币政策也是为扭转日元大幅升值而作出的无奈选择。一句话:美国这次立法是损人又害己。

最后,大部分对美贸易顺差的国家都在不同程度上通过购买美国国债而使资金回流到了美国市场,在美国政府稳定本国金融体系稳定中发挥了积极的作用。但是,如果美国这种强权的举措导致贸易货币国,比如中国人民币大幅升值,那么,中国政府很可能不得不减持价值日益受到侵害的美国国债的比例,这样也不利于美国金融市场和国际金融市场的稳定和作为世界信用货币的美元的稳定。

不管怎么样,作为负责任的中国政府已经注意到了"美国利益",一方面尊重一些不知情的美国消费者的感情,在我们还没有做好充分的结构调整(内需替代外需等)的前提下,开始有步骤地加快了人民币升值的节奏。另一方面,中国政府曾多次呼吁美国政府尽快撤除影响中国进口美国产品的政治壁垒。事实上,直接增加对美国技术类和资源类产品的采购,要比用汇率这一间接价格调整的手段解决中美贸易收支失衡问题更为直接,效果更为明显。而且,这是一个"双赢"的、尊重中美双方利益的解决问题的办法。美国不接受这样的好方法,而一味坚持去做"损己害人"的"傻事",那就不得不让我们感到美国政府是否别有企图了。

如果最后美国的一批政治家们真的不顾一切代价,以把中国经济搞垮作为最终目的来挑战我们的话,那么,我想建议中国政府千万不要因为美国进入立法程序,而自己在结构调整还没有到位的时候,去大幅度升值人民币汇率,甚至让汇率制度过快市场化,从而导致实质性结构调整本来应该很快就会取得硕果的中国经济,可能重演一出比日本当年升值衰退更加严重的悲剧。当然,我们也应该在剩下的这段时间中,积极地与美国参议院中的有识之士进行充分的沟通,向他们说明今后人民币汇率的市场化进程不仅有利于中美关系的改善,而且也有利于中国宏观经济政策调控效果的充分显现。但是,如果条件还没有成熟就让中国贸然推进汇率市场化改革,那么由此引来的中国经济的震荡就会对包括美国在内的世界经济都造成巨大的负面影响。退一万步说,如果最后我们还是"说服"不了美国政客,那么我们也要坚持目前的汇率政策,千万不能够选择跟美国一起犯被后人谴责的"低级错误"。

美国正向全球"输出"通胀,中国准备好了吗?[①]

今天,农产品、大宗商品的价格在飙升,储蓄相对较为集中的新兴市场和东亚国家的货币在日益升值,面对大量的短期资本流入和本国闲置的产业资本向金融资本转变的态势,一些国家不得不通过加息和强化资本管理的手段来应对不断恶化的通胀和资产泡沫的问题。这一切都在表明:美国引发的全球金融大海啸现在正在进入关键的"第三阶段"。它和第一阶段——2007 年 3 月开始爆发的美国次级住房抵押贷款机构倒闭的"债务危机"的特征完全不同,和第二阶段——2008 年 8 月开始由"雷曼破产事件"所蔓延开的全球金融体系信用借贷关系瘫痪、资金大规模撤回、各国政府无奈地被卷入到注资救市的"大合唱"那种"流动性危机"的特征也不一样,从 2010 年第二季度开始,它已呈现出自己的三个主要特征和亟须继续解决的三大任务:

第一大任务是主要发达国家应尽早"退市",来收回全球"多余的流动性"(第一特征)。今天,各国政府的救助虽然平息了市场的恐慌,但是随着市场的修复,缺乏流动性的资产又渐渐"恢复"了它原先的流行性,而政府在第二阶段已经投入的"高流动性"的准货币资产,现在却由于缺乏"新的增长点"支撑而慢慢地呈现出"多余"的征兆,如果实体经济的修复还看不到希望,从而来不及吸

[①] 本文首次发表于 2010 年 11 月 3 日。

收市场上这些闲置下来的充裕资金,那么,这些流动性就很有可能会通过银行无奈的"信用创造活动"(比如,政府给银行的钱,银行贷出去,因为没有实际的去处,大部分钱又再回到银行或资本市场,进入下一轮的"信用创造",即银行再将回流的资金继续再放贷,又是同样结果,循环往复),导致流动性规模不断被放大,而这些越来越多的资金很容易"变味",进入到楼市和农产品与大宗商品市场进行投机活动,追求虚假的繁荣所带来的暂时的、可观的"资本利得",以补偿自己在金融危机中所付出的利益损失和资金闲置的"机会成本"。虽然目前第三阶段不像第一阶段那样债务违约率在不断恶化,而且,和第二阶段危机的危害性相比,资本市场的低迷情况也有了很大的改观,但是,一旦成本推动性的通胀和资产泡沫达到了一个不可控制的地步,那么,新一轮的崩盘对全球实体经济形成的负面冲击会更加深刻、更加持久,因为这不仅可能将欧美金融体系正在痊愈的伤痕再次被撕破,而且这次还把第一阶段危机受害较轻的国家大量卷入进去,从而会刮起新一轮的金融海啸,出现经济第二次探底的格局。从这个意义上讲,今天"抽回"多余的资金,就是走出这场金融大海啸肆虐的最后阶段所不容忽视的重要环节之一。

第二大任务是迫切需要一个完善的国际政策协调机制,以避免日益严重的"以邻为壑"的政策出台(第二特征)。因为从20世纪90年代开始,世界经济的运行机制都是在经济全球化的框架下向前推进的,无论是发达国家或发展中国家,都从中获得了极大的经济效益和社会效益。今天,如果欧美国家政府继续采取超宽松的货币政策,同时对外又推行越来越严重的贸易保护主义,那么,欧美国家看似赢得了市场份额和产品的价格竞争力,但是,因为它们的这种政策组合拳(低息和弱势美元的货币政策)导致了其他储蓄盈余国家通胀水平上升、实际有效汇率升值和资产泡沫膨胀,从而使得欧美国家的这种对外经济扩张战略最终因为这些国家(新兴市场)失去了经济增长的活力,以及因为实际购买力日益下降和消费的"机会成本"不断上升等负面效果而根本达不到它们事前预期的理想效果,反而会因为这种"伤人又伤己"的举措让世界经济的复苏前景变得更加扑朔迷离。于是,如何通过"政策自律"和借助国际政策协调的机制来控制全球在没有增长的环境下所出现的流动性泛滥现象,将是我们彻底告别这场危机所需要完成的重大任务之一。

第三大任务是我们要尽快寻找到世界经济"新的增长点",以避免"你争我夺"的保护主义势力愈演愈烈(第三特征)。尽管包括中国在内的很多新兴市场国家正在为寻找这样的契机努力改变着自己过去对欧美经济的"依赖性",但是如果老牌的"领头羊"——欧美国家由于实体经济的复苏没有跟上政府花大精力救助的金融体系的转暖程度,从而显得"心有余而力不足"的话,那么,很有可能各个国家的合作动力会因为各自发展阶段的不同而显得严重不足,于是,创新、监管各自为阵,发展的不平衡会引发更严重的贸易保护主义。这种主观"倒退"的全球化政策和客观向前"发展"的全球化市场,必然很容易再次引起金融泡沫和金融危机。所以,引领世界经济健康的发展方向无法定位,确实给结束第三阶段的"经济调整"埋下了深刻的隐患。在这个方面,今天欧美经济具有非常明显的"比较优势",对于世界经济目前止步不前的状况,它们应该负有最大的责任,而其他国家应该在这方面加强与欧美发达国家的经济合作,无论是从资金层面还是从人力层面,都应该为建立新的增长点,为打造一个健康有序的经济全球化环境发挥积极的作用。

我想对于中国经济而言,需要强调的是:千万不能忽视伴随着结构调整所出现的"流动性泛滥"的现象!我们的任务可能比其他国家更为艰巨:不仅要重视银行体系可能产生的信贷不断放大的压力,而且还要关注现在相当一批社会大众因为目前缺乏完善的社会保障体系的支撑和对未来通胀风险加大的预期,不得不将自己宝贵的流动性投入到少数一线城市的房地产市场中的现象;另外,不仅要遏制没有实业投资方向的"产业资本"不断向"金融资本"转变,去追逐市场上流动性泛滥所带来的暂时的财富效应的行为,而且还要纠正出于维护地方利益的地方政府对银行放贷的"推波助澜"的政策体系；不仅要疏导少数富裕阶层的大量资金进入到健康的消费渠道来培育中国疲软的内需力量，或者鼓励这样的民营资本去扶持企业创新的实业投资渠道，而且更要强化监管措施，来减少中国目前不成熟的金融市场被大规模的海外投机资本"恶意炒作"的危险等。

　　总之，如果我们不能够抑制今天已经出现的第三阶段的不良症状，那么，中国"流动性泛滥"的结局，不是仅仅停留在以比现在更加严重的通货膨胀的形式上，而是市场自身承受不了房地产离奇的高价格所产生的集体离场的"羊群效应"给中国带来的全面金融危机的状态！假如事后来看，导致中国房地产市场瓦解的原因很可能就是一个"不着边际"的消息（比如，美国加息让外国资金和本国资金大量撤出）。也就是说，未来高房价的破灭，可能不用政府出台紧缩政策就会被市场自己的力量所刺破，人们自己就会形成恐慌性的"离心力"，就会把中央政府一直"推不倒"的楼价顷刻间无情地推倒——那时即使政府想刻意地去扶持和挽救，也会因为代价太大、效果太差而不得不放弃——这对中国金融体系的稳定乃至实体经济的健康发展都会带来巨大的负面作用。事实上，我们的中央政府已经充分意识到了这个问题的严重性，正在想尽各种办法让高企不下的楼价软着陆，而不是急于出狠招来刺破泡沫。我相信，在"十二五"规划的前期（政府"退市"阶段），灵活的"有保有压"（保就业和防通胀）的做法依然会成为我国货币政策的主基调。

人民币升值:国际之争与国家战略①

背景:2010 年 9 月 29 日,美国会众议院以 348 比 79 的投票结果通过了《汇率改革促进公平贸易法案》,允许美国政府对所谓低估本币汇率的国家征收特别关税。此举使备受瞩目的中美人民币汇率之争再度升级,引发其他亚洲和拉美国家为减缓本币升值实施干预措施,世界汇率大战迫在眉睫。汇率的战火正在烧向 11 月即将在韩国举行的 20 国峰会。

《复旦青年》:美欧等国一直将人民币汇率与本国的贸易逆差联系起来。以美国为代表的西方国家希望人民币升值的深层次原因究竟是什么? 人民币升值是否能真的解决美国经济所面临的问题?

孙立坚:中国于 2001 年加入 WTO,从 2003 年开始,我们的贸易增长很快,渐渐拉大了与欧美的贸易顺差。在这一过程中,欧美虽然有自由贸易的理念,但是对贸易逆差仍忧心忡忡,认为本国在贸易中吃了亏。有一批欧美的保守主义势力和一些被蛊惑的、不知情的老百姓没有考虑到中国工人的工资水平,而认为是人民币的低汇率造成了贸易不公平。这样矛头就集中在了人民币汇率问题上。当时,美国和欧洲的经济形势非常好,所以并没有形成一股强大的社会力量来要求中国人民币升值。

但是到了 2008 年,金融危机爆发了,欧美国家的金融机构出现了大量坏账,要求老百姓提前偿还贷款,这就是经济学中的"去杠杆",它使负债人突然变

---

① 本文首次发表于 2010 年 10 月 26 日的《复旦青年》杂志。

得拮据起来。欧美的企业和消费者都面临着严重的资金紧张,必须考虑从何处获得资金。然而,欧美的企业家们感觉到,他们的企业无论如何生产都无法与中国竞争。有些美国学者和企业家甚至得出结论:美国企业的劳动力、固定资产和原材料成本之和就已经超过了中国产品的成品价格。在这一情况下,欧美各国的贸易保护主义思想抬头,要求制裁中国的出口业,让人民币升值,使中国产品的价格上涨,这样欧美的产品才能与之进行公平的竞争。

美国人以为,只要人民币升值,美国对中国的贸易逆差就会减少。但他们忽略了一些最重要的问题,而这些问题恰恰决定了,无论人民币如何升值,都不能从根本上解决美国经济的问题。

首先,中美两国人民的平均收入不在一个层面上。虽然中国的经济总量名列世界第二,但中国的人均年收入却排在世界的第 109 位。中国国民的消费能力无法与美国的消费者相比。

其次,中国人的消费观念与美国人不同。中国的老百姓大多是"节约型"的,平时努力攒钱以备不时之需。而且,中国的社会保障体系还不完善,人们必须靠"原始财富的积累"来防范未来的风险,所以中国人不会像美国人期望的那样大量购买外国商品。因此,"薄利多销"的手段在中国是行不通的,起不到扩大出口的作用。事实上,对美国较为有利的做法是吸取中方的建议,将美国的技术卖给中国。这样,即使价格较高,我们也是可以接受的。

最后,如果人民币升值,中国企业面对成本的上升不会坐以待毙,而是会走出国门,寻找低成本的海外投资方式。当年丰田汽车就是在日元升值时将生产线转移到了美国。这样一来,企业就能回避人民币升值带来的价格上升的可能性。最终,廉价商品依然会进入美国市场,只不过产地发生了变化。1985 年日元升值以后,日本对美国的贸易顺差反而扩大了就是最好的例证。所以,通过让人民币升值的方式是不可能从根本上解决中美贸易顺差的问题的。

但是,人民币升值却会给中国造成严重的问题。中国企业若将工厂迁至国外,在国内释放出的失业人口会大幅增加,造成产业空洞化。同时,伴随着产业空洞化的还有金融泡沫化,即随着货币的升值,制造业低迷,国内的金融资产价格却不断上涨,国民醉心于疯狂的投机行为,股票和地产价格大涨。日元升值后,日本国内就曾出现了类似的情况。最后,1989年股票楼市泡沫双双崩溃,日本经济陷入衰退。

总之,在今天的收入条件下,人民币升值达不到使美国扭转贸易逆差的目的,但是它会给中国带来巨大的负面影响。

《复旦青年》:中国长期以来的低汇率是把"双刃剑",能促进出口,但也造成了资产泡沫和过度依赖出口等问题。从长期国家利益来看,低汇率对中国是否弊大于利?同时,一些经济学家认为人民币升值将导致经济增长方式发生转变。人民币汇率的问题能否经得起拖延?在这一问题上,政府决策层该如何决断?

孙立坚:美国人总认为人民币保持低汇率对中国很有好处,但是中国为了维持低汇率而付出的代价也是巨大的,只不过目前在代价和收益之间,我们暂时还偏重收益。

较之于高汇率,在人民币低汇率的情况下,中国商品确实能在国际市场上获得竞争力,尤其是在欧美经济状况好的时候,他们旺盛的购买力确实让我们赚得了更多外汇,同时兑换成更多的人民币。但这也造成了外汇占款过多这一问题。面对要求将外汇兑换成本国货币的企业,央行难以收紧银根,国内市场上货币泛滥,也会造成资产泡沫和通货膨胀等一系列问题。中国的贫富差距较大,如果出现通货膨胀,大多数人的生活质量会立刻受到影响,还有可能会引起社会不安定。所以,人民币低汇率对我们其实是不利的。

那么提高人民币汇率是否对中国有利呢?这要从两个方面来回答。

第一,人民币升值是否能导致经济增长方式转变。一些美国学者认为人民币升值可以加速中国的产业结构调整,淘汰高能耗、高污染产业,留下真正有高附加值的产业。这样一来,看上去产业结构精简了,实际上会造成大量工人失业,代价远远超过收益。高附加值企业的员工基本上都是前沿的高端人才和大学生,农民工是不可能在这些企业里寻求到工作岗位的。而且,由于企业可以转移,也就很难真正淘汰不必要的企业。所以,人民币升值将导致经济增长方式转变这种说法是言过其实的。

第二,我们必须注意,中国现在的发展状况让我们面临着两难选择。

一方面,低汇率会带来通货膨胀;另一方面,提高汇率会造成失业。那么,就业和通货膨胀,到底选择哪一个?我认为,就业是所有问题中最关键的,因为有了就业就保证了收入。如果无法保证就业,百姓就失去了收入,物价再便宜人民也难以生存。现在看来,人民币的升值将给就业带来非常大的障碍。人民币升值会使外企不愿在中国开厂、中国企业会将工厂转移到国外,中国工人就将面临失业。而我国目前的社会保障体制还不完善,一旦出现大规模失业,社会就会出现动荡。通货膨胀只关乎钱多钱少,而就业事关有没有钱,这才是最本质的问题。我国现在希望先富起来的人主动消费、拉动内需、帮助穷人增加收入。只有这样,才能真正解决人民币汇率变化所带来的问题。

不过,我们可以发现,现在人民币升值已经慢慢游离出了经济学的讨论,开始进入政治领域。对待越来越政治化的人民币升值压力,如果中国政府置之不理,那么大多数不知情者会认为中国在无视他国要求,问题可能会变得更加严重。因此我们看到,中国政府在各种场合特别强调人民币升值不是万能的,强调汇率和贸易的内在科学规律,同时也作出了一定的妥协——使人民币有了明显的升值。但这并不是因为我们的结构已调整完毕、内需已充分,而是作为大国所作出的让步。当然,让步的前提是不能让我们的企业出现大量倒闭和失业的情况。具体来讲,10 月 19 日央行的加息就是一个表现。

《复旦青年》:在是否维持低汇率这一问题上,国内出口企业的声音是否过度地放大了?

孙立坚：中国现在的企业很多都是劳动密集型企业，它们虽然对价格非常敏感，但根据我的实地调查，在目前人民币的汇率水平下还扛得过去。不过，如果人民币继续升值，我们的企业就会面临"淹水现象"，即人民币每一次升值都会让一批企业破产。到那时，出口企业的担忧就将成为现实。

《复旦青年》：那么中国经济究竟能够承受人民币多大幅度的升值？

孙立坚：我没有做过深入的调查，但根据我的了解，大概会在人民币对美元 6.5∶1 左右。如果我们的汇率降到 6.4 甚至 6.3，就可能会像当年的日本那样出现失业等诸多问题，而目前我们离这个底线已经很近了。

中国已经意识到汇率可能会突破 6.5，并在最近提出不只要追求经济的高速增长。当然，这就意味着一些人会失业，所以我们已经试图通过设立失业基金等社会保障的途径，让国家来弥补部分负面影响。但国家目前的承受能力和服务机制都是非常有限的。不管怎样，6.5 是一个底线，我国还没有足够实力去供养一大批失业者。这是一个动态的变化，要根据我国的内需水平来调整汇率。如果内需不足，就绝不能随便让人民币升值。"十二五"规划强调要兼顾投资、消费和出口，就是出于这一考虑。

《复旦青年》：我国曾在去年 4 月决定在上海市和广东省内四城市开展跨境贸易人民币结算试点，使人民币国际化，促进金融业的发展，但您却在博客上提出人民币不应成为"货币锚"，这是为什么？

孙立坚：美元与金本位脱钩后，国际货币体系就开始采纳信用本位制度，本国货币的价值由国家承诺的信用支撑。而在国际贸易结算中，通货膨胀率低、国家经济能力强的美元、欧元和日元被认为是三种最具价值保证的货币，成为了货币锚。

但现在的问题是，美国、欧盟和日本都是用通货膨胀来解决金融体系中没有现金流的问题。原本的货币锚消失了，就必须有一种不贬值的新货币来承担货币锚的责任。货币锚国家的特点是货币非常坚挺，经济基本面非常好，于是美国就想让人民币成为货币锚。但美国绝不会轻易放弃对货币的主导权,它只是需要一种新的货币来解决眼前的问题,就像当初它把货币的主导权暂时放给日本那样。美国就是希望中国就像当年的日本一样疯狂,出现经济泡沫,然后崩溃。所以我们坚决不能去做货币锚。

对于人民币国际化,我当时是很反对这种做法的。中央政府考虑人民币国际化的问题在逻辑上是很对的。为了不让积累起来的财富随着美元贬值而蒸发,我们除了尽量掌握货币的主导权、推行人民币国际化外也别无他法。

但实际上,我们并没有使人民币国际化的能力。当年日本和泰国头脑发热,一心要做金融强国,于是日元成为了货币锚;泰国甚至不顾其本国已经出现的产业空心化,仍然坚持投入金融业,建立起离岸金融市场。最后,两个国家的经济都受到重创。直到今天,我们都无法在亚洲找到一个制造业和金融业共存、共荣的成功案例。其原因就在于,制造业和金融业这两种模式是相克的:制造业希望汇率稳定,而金融业则要求汇率波动。

所以,如果我们想把金融业做强,就需要利率和汇率的市场化,而在这场金融危机中人们看到,金融衍生产品规避价格风险的能力是非常有限的,甚至是负面的。这样对成本和收益敏感的制造业而言,就因为利率和汇率风险的增加而变得竞争力下滑,就像在伦敦金融城中,制造业无法生存,而日、韩、印都是制造业国家,经过金融自由化所走过的金融危机的惨痛教训,让他们对汇率的波动也变得十分敏感,从某种程度上也说明了为什么亚洲国家出现不了金融强国的原因。中国现在要在金融业和制造业两者中作出选择,但似乎想同时发展两者,我感觉这样的模式是会出问题的,因为大量热钱的涌入会把制造业打垮。

《复旦青年》:国际市场上的黄金价格本周已经突破每盎司1300美元。这从侧面体现出国际市场对现行国际货币体系稳定性的担忧。眼下,世界汇率大战之说也十分流行。若G20成为各国向人民币汇率施压的舞台,中国应采取怎样的措施积极应对?

孙立坚：我想，中国要充分利用国际舞台，减少和美国进行一对一的较量，而是在国际舞台上摆事实、讲道理。在 G20 峰会上，我们可以表明中国已经作出了很大的让步：当各国都在降息的时候，我们的央行却收紧银根，把利益让渡给一些需要帮助的国家。

同时，在 G20 峰会上我们还应强调两点：第一，世界要彻底摆脱危机，不能靠牺牲部分国家的利益。这种此消彼长的方式是贸易保护主义的典型表现，我们要坚决制止。要想真正摆脱危机，还是需要一些老牌的发达国家通过科技与创新，为全世界找到新的财富增长点。正如 20 世纪 80 年代，一场 IT 革命给全世界带来了创造财富的机会。现在，我们迫切地需要一场新兴产业革命来提振经济、缓解紧张的国际关系。因此我们首先要提出的是：全世界齐心协力打造新的增长点才是摆脱危机最主要的做法。

第二，世界各国稳定地走出这场危机的关键是不能打货币战。主要发达国家目前超宽松的货币政策会造成全球货币之间的无序竞争和竞相贬值，这种政策不能持续下去。在这一方面，中国是最负责的。在 1997 年亚洲金融风暴和如今的金融危机中，人民币都保持坚挺，没有贬值，说明中国一直在承担世界经济的责任。因此，中国有资格呼吁停止贬值游戏，避免这种恶性竞争把财富的真正价值贬到一钱不值。在这个已经离开了金本位的世界中，货币大国更应该把握好货币价值观。等到人们都对货币没有信心而去抢购大宗商品、企业家也不愿创新的时候，世界经济复苏的代价会变得更高。因此，务必要恢复信用体系，也就是恢复货币价值应有的水平。

如果美、欧、日能够做到以上两点，我们就可以和它们互相帮助，甚至可以不用频繁地减持美国国债。在 G20 峰会上，我们可以多谈一些国际政策的合作，而不是"以我为主"的政策竞争，因为这种以邻为壑的"货币大战"对世界经济是非常不利的。

美联储 QE4 的作用究竟有多大？[①]

北京时间 12 月 13 日凌晨，美联储麾下的联邦公开市场委员会(FOMC)决定推出新一轮量化宽松的货币政策(QE4)，以解决正在面临"财政悬崖"巨大挑战的美国经济可能陷入长期低迷的问题。它主要体现在以下几点：

首先，在经历了 2008 年百年一遇的金融危机后，美国企业和金融机构以及家庭的资产负债表不断趋于恶化，摆脱危机所需要的正常的投资和消费动力受到了很大的制约，若最后美国经济跌入"财政悬崖"(美国参众两院达不成妥协的共识——即共和党坚持要给富人减税，民主党坚持推进保障性支出的承诺)，那么，这会给美国各经济主体已经在危机后变得日益紧张的生存空间雪上加霜。也就是说，在美企业将额外承担近 6000 亿美元的税务负担，由此将导致美国经济增长下滑 1～2%！

其次，金融危机后市场流动性状况急剧恶化，资金成本随着对未来不确定性的预期的加强而日益上升，这从另一面也遏制了市场有效的需求，使得从根本上解决失业问题变得更加困难。

第三，经济低迷遏制了企业盈利能力的上扬，而财政政策通过减税等降低成本的救市手段，在巨大的财政赤字和"财政悬崖"问题面前也无法正常地施力，由此带来的失业问题更加会为国家福利增添负担，于是，创造就业机会、通过恢复经济增长来吸收就业的问题就变得日益紧迫。所以，在美国这样的经济

[①] 本文首次发表于 2012 年 12 月 13 日。

背景下，美联储刻不容缓地推出了 QE4，这顺应了市场对美联储货币政策的期盼，短期内在一定程度上会提振美国社会的信心。然而，此举是否会带来让美国就业市场全面进入复苏状态和美国经济摆脱通缩的格局，还要看这轮货币政策所追求的效果是否能够有效地显现出来。具体判断的依据来自于以下几大方面：

一方面，让反映市场资金成本和风险态度的收益率曲线在这轮量化宽松的货币政策指导下向下扭转（时间轴效果），从而缓解市场流动性不足、资产和商品价格破坏所造成的企业投资信心不足的担心。这次美联储继续延续前一轮的扭曲操作和 QE3 时期购买长期国债（每月 450 亿美元）、住房抵押贷款证券（每月 400 亿美元的 MBS）的举措，使影响劳动力正常移动的家庭房地产价格能够明显反弹，从而降低社会大众就业的机会成本以及减少持有不良资产和负债给家庭、企业和金融机构带来的负面影响。

另一方面，这次美联储没有再次启动短期债券的销售计划，而是继续维持超低利率格局下量化宽松的货币环境（流动性效果），这向市场释放了美联储增加基础货币以确保各类经济主体都能享受充足的流动性供给环境这样一种强烈的扩张信号。并且，把这种意图通过锁定明确的就业（失业率要降到 6.5% 以下）和物价（通胀率要达到 2% 以上）目标来提振市场的信心，避免以往对未来经济不确定预期情况下所引发的"流动性陷阱"问题——即央行货币政策再怎么去积极刺激经济，也不会出现丝毫改善局面的积极效果。

再者，美联储在不断探索与市场预期协调的货币政策实施路径（协调性效果），努力提高在"零利率"货币政策环境下依然能够摆脱日本经济在 21 世纪初所遭遇到的"流动性陷阱"的困扰。事实上，从 QE2 开始，美联储就在不断调整货币政策的规模、速度和美联储主席的喊话内容，"扭曲操作"是这一思路的典型反映，在释放长期低利率信号的同时，又表达出美联储是在关注失业率和通胀率双重指标，是在"有的放矢"地进行量化宽松。所以，市场的消化和理解程度比对其他发达国家实施同样的量化宽松货币政策时要来得高,效果也较明显。

尽管上述三点是这轮量化宽松货币政策的最大"亮点",但是,在经济全球化的环境下,会带来许多不可低估的后遗症:一是美元在国际货币体系中占有不可替代的举足轻重的地位,若美国实体经济在短时间内无法吸收瞬间增长的流动性,逐利性的资金会大量流出美国,从而造成国际投资和贸易的交易条件极不稳定,世界经济更加趋于萎缩,这反过来也会给美国经济蒙上阴影。二是美元这种国际货币的流动性泛滥会抢占稀缺资源,尤其是当新兴市场经济出现复苏苗头的时候,金融资本更会炒高资源价格,使实体经济繁荣的代价变得更为巨大。中国目前的发展阶段还将会使得我们以投资为主导的经济增长方式无法改变,于是,美国的 QE4 政策确实会通过输入性通胀影响到我们企业的利润和中国实体经济的市场生存空间。三是美元泛滥会导致其以游资的方式进入到金融体系发育不良、大众储蓄较为集中而实体经济的投资渠道还没有完全打开的新兴市场国家中,从而造成这些国家外汇占款增加、本币升值、通胀压力膨胀和资产泡沫严重的格局。

总之,美国新一轮的量化宽松货币政策,能否利用美国金融体系的成熟度,将流动性配置到今天美国政府所扶持的未来产业发展的舞台上,而不是去干扰其他发展中国家的结构调整,这不仅决定了美国经济恢复的代价有多大(如果一切顺利的话,2015 年美国经济增长将恢复到 3.5% 左右,届时量化宽松货币政策 QE4 会"圆满退出"),而且会影响到未来全球经济健康发展的格局。从这个意义上讲,中国政府应该未雨绸缪,在加强与世界主要发达国家进行政策协调的同时,也要大力发展我国金融体系的创新能力,以此来吸收未来流动性泛滥对中国货币政策造成的压力,让流动性泛滥的不利状况在我们资源配置的能力不断提高的状态下,改变为支撑中国资产市场发展和实体经济繁荣所需要的健康稳定的"流动性"(资本积累)!

希腊会把世界经济的命运带向哪里？[①]

　　2011 年 9 月 23 日至 25 日在华盛顿举行了国际货币基金组织(IMF)和世界银行 2011 年年度会议,而且,本次年度会议的主题就是"全球挑战,全球解决方案"。针对最近一周来,尤其在标普下调 7 家意大利银行评级和 8 家意大利银行评级展望降至负面,以及穆迪同时下调美国银行、花旗集团和富国银行 3 家大型银行的多项评级之后,国际股市、油价和大宗商品市场纷纷出现大幅下跌的态势,世行行长佐利克和 IMF 女总裁拉加德都在会上严正指出:世界经正在济进入一个新的危险阶段,为此,他们呼吁所有国家要成为"负责任的利益攸关者",尤其是主要国家应该发挥政治领导力,形成合力,应对危机,否则世界将"输掉这场寻找增长的战役"。所以,今天全球都在为希腊是否可能破产而揪心,为意大利是否可能再度掀起全球金融大海啸而惶恐。

　　因为欧洲人都很清楚,希腊陷入破产进而产生严重的市场"多米诺骨牌"效应,完全是"人为"的因素,只要欧元区政府达成共识,只要有效遏制趁市场中放大危机的影响来做空欧元的投机力量,那么,欧洲完全有能力挺过危机的难关,并不像一些北美金融机构人士,尤其是怀有在危机中能够将自己的竞争对手挤出市场,或者期待一场洗牌让对美元影响力构成威胁的欧元"永世不得翻身"心态的市场人士所预期的那么"悲观"。

　　欧元区的经济发达国家阵营之所以迟迟没有形成共识,原因是:第一,害怕

[①]　本文首次发表于 2011 年 9 月 27 日。

今后希腊等债务国出现更危险的道德风险行为,比如,滥用自己唯一能够使用的财权,来实现自己国内政治地位提升的短期目标,而一旦财务出现亏空,就料定发达国家不得不伸出援助之手会来帮自己渡过难关,于是,这样的预期会让他们变得肆无忌惮,而今天发达国家在金融危机的冲击下,自己需要花钱解决就业、提高福利的地方也变得越来越多,对于这个潜在的问题如果拿不出有效的根治方法,就根本无法向自己的纳税人作出令人信服的交代,以保住自己的国内政治地位。第二,害怕被市场投机力量"搭便车"。因为很可能市场下了欧元区政府一定会救市的赌注,所以,一旦被这种算计得逞,那么,欧元区发达国家政府的救助资金完全有可能大部分落入这批投机者的口袋。但是,事实上,欧元区政府已经没有退路了,必须作出以下三种选择:第一,让希腊等债务国离开欧元区或德法自己离开欧元区,但这不太可能,因为今天出问题的不止是希腊一个国家,放弃希腊就可能不得不放弃一大片,甚至市场的做空力量也会加速这种可能性的实现,那样的话,它们10多年来处心积虑缔造欧元崛起的战略就会付诸东流。第二,救助希腊,越快越好。如果市场发生恐慌,做空的投机力量又顺势而为,那么,灾情如果继续蔓延,会让救市的成本变得越来越大,国内社会产生的救市阻力也会随之增长。现在全球股市大起大落已经显示出了这样的信号。第三,改变货币政策的操作方法,把盯住通胀扶持欧元的常态做法,调整为救助欧债的非常态做法,即成立欧洲版的货币基金,像美国政府那样,去购买已经失去流动性的希腊等国的债券,恢复这些"病猪"国家融资偿债的能力。为配合这一行动,欧洲央行通过进一步降息来减少救市的成本。就目前来看,第二或(和)第三个的方法(一起投入的选择)更有可能性,因为这样做所产生的挽救欧元的成本,从中长期来看也是最低的。

如果欧元区没有形成共识,因为害怕这样的救市会让市场投机力量乘虚而入,让自己得不偿失,或者担心这样的救市行为会引来国内纳税人的强烈不满,从而不得不让希腊等"病猪"国家陷入死局,那么,在这种最坏的情况

下,它对全球金融市场的影响是巨大的。可以预见,这种影响会经历三个阶段:

首先,短期内再次出现美元大涨、日元护航升值的流动性恐慌局面。在这种情况下,大宗商品和金银避险产品的价格都会因为"向流动性逃避"的市场羊群效应而应声下落。此时,欧美国家政府为了挽救自己的经济(已顾不上希腊了),会进一步采取非常规的量化宽松货币政策——这种实质上的"以邻为壑"的做法,不仅为后来全球更加严重的滞胀风险埋下了深重的隐患,而且,立刻就会使新兴市场国家不得不蒙受国际资本大进大出的冲击,从而导致新兴市场国家的宏观调控政策根本无法彰显本来就脆弱的干预能力。

其次,当这轮风波过去后,因救市而加剧的全球泛滥的流动性,在欧元区经济受到了重创之后,再加上这些破产国家的债务清算可能会让市场更加失去了投资的方向,从而导致庞大的金融资本再次去绑架以美元计价的大宗商品和用于通胀避险的贵金属市场,使得其中更多的用于工业投资的原材料也会因此出现价格暴涨。于是,进一步推高的生产成本和主要货币的大起大落,再加上新兴市场国家在汹涌而来的热钱面前走向本币升值、通胀加剧、资产泡沫不断膨胀的进程,都会让世界经济的复苏陷入更深的泥潭。

第三,未来世界经济是否会长期陷入低迷状态,这完全取决于主要国家是否找到了新的可持续的增长方向,取决于金融市场对未来的信心和由此形成的越来越多的价值投资的格局。从这个意义上讲,今后要形成良性循环的复苏格局,必须要在G20等国际协调的框架下达成共识,任何某个国家单方面的努力都是微不足道的。如果世界经济一旦开始有了新增长点的支撑,那么股市会持续反弹,大宗商品和贵金属的价格也会回归到实体经济供需所决定的正常水平上(资源的稀缺也要引起我们足够的重视),主要货币——美元和日元相对现在而言都会出现弱势的格局,欧元的稳定性和世界货币所应充当的支付、储备和定价的作用因为这场"动乱"会被大大削弱。相反,新兴市场国家的基本面好坏会更加影响全球金融市场的走势。否则，全球经济会因为欧美政府现在的"不明智"的行为而重演一出比 20 世纪 30 年代大萧条时期更为惨烈的悲剧。

世界经济脆弱的根源[①]

随着 20 世纪 70 年代布雷顿森林体系的解体，世界经济完全脱离了"金本位"下自动调整均衡的国际货币体系，进入了美元主导的"信用本位"下的国际货币体系。虽然在过去的二十多年中，伴随着持续扩大的贸易逆差，美国向世界输出了大量的美元，从而确保了经济全球化演变过程中国际贸易和投资不断扩大所产生的对货币流动性的巨大需求。但是，自 2008 年由美国引发的波及全球的金融危机爆发以后，一直深陷"特里芬两难"困境的美元，终于打破了它曾在国际货币体系中所发挥的"流动性、稳定性和主导性"作用的平衡机制，从而导致了各国政府不得不付出巨大的代价来直接干预市场，以抵抗由此产生的对本国实体经济和金融体系的巨大冲击。尤其是当年为了挑战美元脆弱性而崛起的欧元货币体系，今天也被危机带来的经济周期"向下调整"步伐加快，金融机构"去杠杆化"和"现金为王"的投资战略的迅速转变，以及由此引爆的欧洲主权债务危机不断恶化等各种负面叠加效应所深深拖累，从而根本无法承担世界所期待的另一个由"超主权货币体系"支撑的、能让全球经济健康发展的"货币锚"功能。

最令我们担心的是，在国际货币体系中发挥着举足轻重作用的欧美主要发

---

① 本文首次发表于 2012 年 4 月 28 日。

达国家和地区的政府,为了挽救自身的金融体系和实体经济,不得不采取各种方式的量化宽松货币政策,从而导致了在世界经济依然低迷的状态下流动性却早已泛滥的格局。它所产生的负面影响是多方面的:其一,全球大宗商品和农产品等要素价格出现非理性的飙升;其二,没有基本面支撑的汇市、股市、债市和期市等金融市场上的资产价格大起大落,这种由短期投机套利行为引起的动荡不仅严重地影响了世界经济的复苏进程,而且重创了东亚这种依赖现有的国际货币体系来强化对外出口和投资的增长模式。不仅如此,像中国这样拥有大量美元和欧元资产的东亚国家也面临着财富严重缩水的风险。其三,即便中国等新兴市场国家已经单方面付出了巨大的努力去抗衡输入型通胀和汇率波动的压力,但是,在欧美依然保持"低利率政策"的环境下,大量追逐高收益的海外游资还是会源源不断地冲向储蓄高、增长快、汇率稳的发展中国家和地区,从而导致那里的政府不得不采取紧缩的货币政策来对冲外汇占款的压力,但效果却大打折扣,有时甚至适得其反。

因此,改革当前经济依然低迷、危机还在深化状态下国际货币体系的治理方式,就显得刻不容缓,而且意义重大。虽然这一巨大的挑战来得有些突然,让政界、学界和业界短时间内无法达成鲜明的共识,但是,大家已经渐渐认识到了国际货币体系的动荡是世界经济脆弱的根源,而且开始对多种改革提案的优劣比较和论证产生了浓厚的兴趣——不管最终是走向世界统一货币的"超主权"模式,还是出现竞争互补的多个大国货币主导的国际货币体系,不管是以维护当今美元主导的国际货币体系的稳定作为改革的切入点,还是推动以中国为代表的新兴市场国家所倡导的将储备资产"SDR化"的战略愿景,达成全球共识和强化国际政策协调是上述所有改革方案都必须具备的首要条件!为此,今年复旦大学"上海论坛2012"金融分论坛很快就确立了"国际货币治理的新使命——合作与共赢"这一主题,并力图从"中日韩金融合作模式、人民币国际化和上海国际金融中心建设"等三大方面来重点探索东亚国家在国际货币体系治理机制改革中所应发挥的积极作用。以下,就其问题意识和相关制度设计的内涵作一些必要的解读。我们坚信,届时参会者卓越的学术水平和深邃的见解,必将对未来国际货币体系治理模式的优化和由此产生的新一轮经济增长的助推效果形成巨大的社会影响力。

一、东亚"金融合作"模式

今天,在美国引发的全球金融大海啸面前,无论是改革现有的美元主导的国际导货币体系,还是纠正目前世界经济失衡的格局,东亚金融合作的进程都已经成为世界各国共同关注的问题。我们注意到,1998 年开始启动的亚洲金融合作模式,虽然从清迈协议的双边货币互换合作框架已经拓展到了多边合作的亚洲货币基金(AMF)模式,但是,它的规模、作用和合作模式上所达成的共识依然十分有限,比如,有些国家由于高度的金融开放,2008 年在欧美资本大量套现撤离的过程中吃了大亏,本应该充分利用亚洲合作的模式来摆脱本国货币大幅贬值、市场价格严重破坏的困境,但是我们却看到,韩国走的救助路线依然是1997 年金融危机前的 IMF 和美国主导的援助模式。不过,从周小川行长提出的超主权储备货币构想到王岐山对 IMF 体制改革问题所提出的权利和义务的对等要求,从外交部发言人提出的对美元启动印钞机的忧虑到国务院批准上海国际金融中心的建设方案,从温总理呼吁建立能帮助各国基础设施建设的亚洲投资基金到这次上海论坛上日韩专家所带来亚洲金融合作的建设性意见,都在表明:今天,中国和亚洲不仅重视对外"负债"引发的流动性危机问题的合作化解机制(这是 1997 年东亚危机所留下的最大教训),而且已经开始重视对外"资产"积累带来的价值保障问题的协调缓解机制(这是 2008 年美国金融危机所带来的最大后遗症)。

今后,东亚金融合作能否取得实质性的进展,主要还是取决于我们对其必

要性的充分认识,具体反映在四个方面:

第一,东亚出口立国的增长方式带来了庞大的美元资产积累,今天,大家都越来越意识到:海外投资的收益和风险之间的背离,造成了委托美国来管理外汇财富的战略令出口国承担了和自己收益不匹配的风险(尤其是流动性风险和违约风险)。无论是危机发生给我们的海外投资和贸易带来的直接损失,还是美国自身利益至上的注入流动性的救市政策对我们资产价值产生的负面影响,都让我们深深地感到,亚洲乃至世界都缺乏一个对冲"美元主导"的国际货币体系动荡的机制。所以,相同经济结构而又是亚洲区域中最大经济规模的中日韩金融合作,其重要意义不言而喻。

第二,世界在呼吁亚洲国家要积极地将自己的高储蓄拿来缓解世界经济严重的失衡结构(向外国企业和消费者释放亚洲的财富效应),但是,亚洲的金融市场今天还没有成熟到能够成为亚洲乃至世界消费者规划自己未来消费的有力渠道。如果亚洲的金融体系不能够通过合作的模式做大做强,那么,欧美要求亚洲更多的消费来调整世界经济失衡的格局是没有市场基础的,也是不可持续的。

第三,东亚各国今天都意识到,金融发展有利于促进过本国产业升级、产业结构转型以及产品和企业走向世界舞台。所以,在这种环境下,彼此间的金融合作模式如果不顺应市场的需求,还是拘泥于清迈协议框架下的"负债风险管理"方式的话,那么显然它的重要性和有效性会日趋降低,不过,可喜的是,亚洲各国都认识到了"金融创新能力不足"这个大家共同面临的问题。

第四,世界正在需要亚洲,尤其是中国,在国际货币体系中发挥更为积极的作用。中国政府采取了主动应对的方法,而不是过去那种韬光养晦的策略。这主要是因为中国政府意识到,顺应世界的呼声做强人民币的做法,比我们被动接受人民币升值和资本账户开放的压力可能要好得多。当然,我们必须清醒地意识到,在实际推动过程中,一定要循序渐进、顺其自然,尤其是要注意与东亚各国的"合作"而不是"竞争"，否则，20 世纪 90 年代初期日本泡沫经济崩溃和90 年代后期东亚金融危机的命运，我们也难以避免。

尽管有这么多的必要性来推动东亚的金融合作，但是，如果我们不重视经验分享和合作协调的必要性，而是孤军奋战来抗衡危机所带来的冲击，那么，我们会在以下五个方面的严峻挑战中无功而返。

一是制度障碍。由于中国和亚洲很多国家的金融制度，包括利率和汇率制度等，都是为了服务于制造业的发展和强化出口能力来设计的，于是，这就造成东亚国家应对来自于国际金融市场的外部冲击能力非常有限，所以，在产业结构没有充分优化和调整完毕的情况下，急于推进金融体系的开放和一体化，都是十分危险和不切合实际的想法。再加上我们都缺乏保证国际业务在东亚实体经济为主的经济环境中健康发展所需要的一整套成熟的法律、会计、监管和税收体系，要想在短期内就确立亚洲金融在世界舞台中的主导作用，是一件非常困难的事情。

二是市场约束。由于亚洲国家都是以银行为主导的金融体系，而中国金融体系的改革和发展又起步较晚，于是，亚洲各国金融机构的业务会大量集中在传统的信贷业务上，虽然我们的银行业没有在这场危机中受到像欧美银行那样的致命打击，但是，我们大而不强的弱点也经不起像欧美市场那样在完全开放环境下所遭遇到的巨大冲击。另外，亚洲，尤其是中国资本市场的发展比较单一，市场的投资文化和金融产品的缺失很容易引起某一个市场追涨杀跌的格局。这也是非常不利于做强金融的重要因素之一。近来，欧美政府和很多学者都在极力呼吁：亚洲要更加开放银行业务和金融市场，以保证欧美国家的金融机构的竞争力能够充分分享东亚增长奇迹所带来的利益，否则，东亚只利用开放的欧美商品市场来发挥自己制造业的竞争优势、获得全球化所带来的财富效应，那是"不公平"的，也是一种"保护主义"的表现。从这个意义上讲，亚洲一定要克服金融市场难以发展成熟的障碍。

　　三是人才约束。我们缺乏一批能够胜任国际金融业务的人才团队。这次美国金融危机很大程度上是因为金融创新的滥用问题。而亚洲缺乏分散风险能力的原因恰恰是我们缺乏金融创新的能力。这从我们主权基金和机构的海外投资业绩不佳的报道中可见一斑。当然,我们在重视人才团队建设问题的同时,也要防患于未然。吸取美国对人才激励机制存在漏洞的经验教训,防范人为制造的"收益和风险不匹配"的道德风险。事实上,在人才培育和交流的这一要点上,亚洲有很大的合作空间,这也是未来中日韩开拓金融合作新模式中不可忽略的环节。

　　四是文化约束。从本质上讲,美国长期以来的金融创新打破了消费者购买力的约束,信用消费成为生活的常态。将来,亚洲如何接受自己不习惯、不擅长的贸易逆差(甚至有悖于我们勤俭节约的文化)格局,这也是需要我们努力探索的问题。它给我们带来了改变消费观念、建立新的消费文化等从未有过的价值观挑战。另外,美国强调的是通过金融创新来强化美元主导的货币体系和金融机构的盈利能力,而亚洲国家更多的强调金融监管,通过控制金融风险,甚至是抑制金融创新(管理汇率和利率等影响金融资产价格的关键指标),来保证自己的实体经济部门能够获得低成本的资金和高额的生产和出口收益。

　　五是增长模式的约束。今天美元主导的货币体系之所以在危机中也能表现出它的强势,关键的一个要素,就是美国的核心竞争力没有出现本质上的动摇。美国依然以它拥有的世界一流的品牌、技术以及超强的制定标准和研发的能力,甚至没有遭到重创的金融风险管理能力(美国金融风暴形成的原因是滥用金融创新问题,是金融机构道德风险恶化的结果)吸引着国际资本,并没有出现市场"用脚投票"所带来的美元超跌的状况(美国印钞的举措并不能改变流动性恐慌中人们对美元的"偏好")。从这个意义上讲,制造业和出口立国,而且擅长标准化、规模生产的亚洲国家,要引入有时甚至会产生相克作用的、以"差异化"投资和服务取胜的金融立国战略,将需要一场"成功与否眼下还无法确定"

的结构大调整。

总之，东亚的金融合作模式一定要从上述的实际情况出发，可以先从以下六个方面着手，而后面将阐述的人民币国际化和上海国际金融中心建设战略，应该融入到亚洲金融合作的体系中，才能产生积极的互动作用，才能真正有利于国际货币体系治理效果的改善：

第一，要在亚洲区域内迅速而有序地建立起各类金融资产合理水平的发现机制。为此，培育一个一体化的亚洲债券市场刻不容缓。可先从美元离岸业务做起，利用亚洲地区较为集中的跨国企业对美元的刚性需求，去深化美元资产的金融创新活动，从而提高相关金融从业人员在对国际金融市场开放的环境中开展金融服务所需要的定价能力。等到将来时机成熟后，他们参与国际化的人民币资产时，其定价能力将水到渠成，一蹴而就。

第二，逐步建立亚洲贸易和投资所需要的一个统一的支付和资本运作的网络体系。这是一个漫长的发展过程。欧元崛起的艰辛历程需要我们好好从中总结经验。目前中韩政府积极推进的FTA协定为推动双边金融合作机制奠定了宝贵的实业基础。

第三，通过强化对"人才、金融创新和金融文化"这三位一体所构成的金融生态环境的不断改善，来提高亚洲金融体系及其一体化过程中应对金融风险的能力。中日韩留学生的相互培养机制、中日韩金融人才的互派机制、中日韩金融业务的合作交流机制都会对提高金融风险的管理能力产生积极的作用。

第四，在东亚各国之间，通过真实、有效、适度、及时的信息披露机制的建立，来引导人们基于经济基本面形成合理的预期，从而实现亚洲金融机构投融资活动的高效率运行。否则，信息的"耽误"或"有偏"会断送创造财富的绝佳机会。这比给对方投资者们提供优惠的税收政策更加重要。

第五，建立东亚国家共同参与的金融行业协会和统一标准的监管部门，以提高对亚洲投融资活动的公司治理能力。这个环节是美国这场危机给我们带来的一个最大的反面教材。如何改善我们的监管和法律体系,以充分发挥市场参与者相互之间的治理和约束机制,从而使得收益和风险相匹配,业绩和奖惩相匹配,以保证金融资源公平有效地配置,也是我们需要认真对待的问题。如果缺乏这样的一个制度环境,中日韩的金融合作就会分道扬镳。

第六,东亚的金融合作一定要使参与投融资活动的各个主体都能够实实在在地分享金融服务所带来的区域实体经济发展和中国经济高速增长的好处。否则,我们在金融合作中所释放出来的金融创新能力就会显得不足或滥用。

二、国际金融治理与人民币国际化

众所周知,2008 年美国引发的全球金融大海啸让世界经济的发展格局和增长模式都在发生翻天覆地的变化。从对金融创新滥用问题的全球监管到控制国际收支失衡以避免今后由此引起的流动性泛滥问题,都反映出人们对经济全球化环境下的治理模式进行"优化"的渴望。因为当全球进入到信用本位(目前就是美元主导)的国际货币体系阶段后,"主导货币"的国家一旦出现危机,尤其是危机管理的方式再次以本国的经济基本面为基础,而不顾主导货币在全球货币体系中的"货币锚"的作用,那么,泡沫破灭和"救市"所需要的宽松的货币环境就会给其他国家的财富及其价值带来不可估量的负面影响。对中国而言,今后"对外资产的管理",比其他新兴市场国家所遭遇到的短期资本流入带来的"对外负债的管理"要困难许多。从这个意义上讲,推进人民币国际化有其深远的战略意义。

但是,我们需要告诫自己的是,不能在人民币国际化的推进中,忘记了我们需要不断推进"能够承受风险和化解风险"的制度建设和市场培育,否则,国际投机资本会选择时机乘虚而入,最终将中国经济打造的坚实的财富果实,在金融危机中被无情的"人民币资产的集中抛售行为"所卷走。这是 1997 年亚洲金融危机留给我们最大的教训。

事实上，一个主权货币或区域货币要想在世界舞台上站住脚，需要围绕货币的三大功能来提高自己国家的竞争力。首先是支付结算功能，这正是我们现在推进的工作。这一功能是否能正常发挥取决于以下两大方面：一是中国经济的（产品、资源要素的进出口、航运物流所提供的服务等）竞争力是否能提高对外贸易和直接投资外汇结算中所产生的人民币需求；二是我们通过什么方式输出市场所需要的人民币，目前政府层面上的货币互换对人民币的输出效果还是十分有限的，启动境外人民币结算业务会成为国家推进人民币输出的重要手段之一。当然，中国的贸易结构中，尤其是在亚洲地区，对周边地区的贸易逆差也为我们输出人民币提供了有利条件。

其次是保值和增值功能。如果贸易结算的所带来的人民币盈余无法进行有效的保值（因为我国通胀率的提高而降低了人民币计价产品的购买力，或者因为人民币的大幅贬值而增加了人民币持有者的汇兑风险和成本），那么，因为国际货币的保值和增值功能的缺失，我们还是无法摆脱美元主导的国际货币体系。

最后是资产对冲功能。即如果以人民币本位的资产和商品的定价机制不成熟的话，那么人民币货币的价格波动就没有充分的对冲机制。今天美元的贬值并没有带来国际资本大量流出美国的格局，最主要的原因之一就是美国市场提供了以美元计价的大宗商品的对冲机制。原油、黄金等都是以美元定价，他们和美元资产的波动形成了较为鲜明的此消彼长的分散风险的内在机制。如果人民币没有充分的以人民币计价的资产进行对冲的话，人民币持有的份额会大大降低。

总之，要做到繁荣人民币贸易结算业务，就必然会直接或间接地加快人民币的市场化改革。从这个意义上说，降低中国实体经济对外的依存度，增强金融体系的制度和产品创新能力，改善我们落后的监管模式，都会大大缓解中国在推进人民币国际化过程中所带来的风险。比如,随着人民币贸易结算业务的推进,利用中国目前刚性的汇率调整机制,外资企业和商社可能会借用贸易渠道,大量接受"看涨"的人民币头寸,如果这种预期不能在人民币汇率和外汇管理市场化之前加以消化,那么,很有可能被持有的大量人民币头寸外部各类市场参与者,在中国出现实质性资本市场开放的时候集中抛售,以获取无法持续的刚性汇率所带来的巨额投机收益。这也是我们今天在推进人民币境外贸易结算过程中要密切关注的问题。

三、金融体系发展与上海国际金融中心建设

建设金融中心最重要的因素就是需要发展一个完善的金融生态环境。它包括一流的金融人才团队、高附加价值的金融创新服务以及社会整体认知风险的金融文化水平这三大因素。

这里,根据国际金融机构对影响国际金融中心建设的诸因素所作的重要性评价,按序排列如下,可以看出,下面绝大部分的要素都是对投资环境的具体要求,而税收优惠政策并没有我们想象得那么重要:

1.金融业务顺利展开所需要的宽松的制度环境。这对将实体经济发展放在首位的东亚国家来说是最大的挑战。国际资本的自由进出就意味着要能够容忍投机资本的冲击,意味着要有充分的自信来化解冲击所带来的负面影响。

2.要能够成为洲际或国家及地区金融服务的中枢,即能够非常便捷地把每一笔交易都及时地通过有效的"网点",在成本最低、质量最高的地方迅速完成。

3.要具有良好的外部网络效应——随时能够汇集需要服务的广大客户。上海被海内外金融机构看好的很大原因是其具有未来中国实体经济的繁荣所需要的庞大的金融业务的支撑。

4.在开展一切金融业务的活动中,要能够享受完全同等的国民待遇。

5.改善经营环境过程中政府的迅速和及时回应的效率。政府的行政效率,决定了金融中心的发展能量。

6.要具备合理的企业税负制度。这并不意味着税负越低越有吸引力。伦敦的企业税负一点儿也不低,但是金融企业还是愿意聚集到那里,最主要的原因是在伦敦能够得到比付出更多的回报。

7.能够及时提供最好的专业化后勤服务,一旦出现故障,就能够迅速得到援助,迅速解决,将金融活动的损失控制在最小的范围内。

8.保证一流的生活环境和质量。金融人才由于面临着超强的工作压力,在闲暇时间能否通过舒适的生活环境来缓解身心疲劳,这一点显得较为重要。比如,在日本,由于很难签发为外国金融人才提供后勤服务的专职保姆所需要的入国签证,这一问题在日本国际银行协会撰写的"东京应该作为全球范围的金融中心"报告中还被重点指出,并告诫政府这一问题将严重阻碍东京国际金融中心建设的步伐。

9.是否具有容易融入的文化和可以交流的语言。这也是金融人才评价自己的能力能否正常发挥的一个重要因素。东亚在文化上有着很大的亲和感,但语言交流上还有很大的障碍,日本就曾反省自己金融主导权弱化的一大原因是他们缺乏能够流利地用英语交流的专业金融人才。

10.开展金融业务所需要的房地产质量和数量。如果没有一个现代化的金融街乃至金融城,就很难形成金融业务所需要的集聚效应,从而发挥不了其规模经济性的比较优势。

11.考虑个人所得税的优惠程度。这是最后才要考虑的因素。所以,中国政府在吸引人才政策上,更应该关注上述金融人才所需要的投资环境。

上海应该尽最大努力去发挥国际金融中心所需要的六大基本功能,这才是改善投资环境最有效的切入点。这六大基本功能包括:价格发现(良好的投资环境需要我们在条件成熟的情况下放开利率和汇率等要素价格的管理)、风险分担(它取决于我们市场的金融创新能力和冷静应对风险的金融文化以及控制大规模资本流入流出的监管能力)、流动性保障(大量国际资本的净流入是国际金融中心繁荣的基础,即使实体经济出现调整也不受影响;对于中国而言,就需要我们尽快在资本账户项下的自由兑换方面作出重大突破)、信息生产(具有一流的现代化信息披露平台和包容性的信息披露的胸怀)、公司治理(需要规范的监管体系和崇尚公平竞争的企业文化)和价值创造(中国实体经济的强劲发展要在完善的法律制度的保护下充分反馈到投资者的收益上,否则中国经济的财富创造能力会后劲不足)等。这六大功能之间不是替代、独立关系,而是互补、协调关系。只有发挥和协调好这六大基本功能,上海才能以它优良的投资环境来吸引来自全球的高端金融人才,才能从真正意义上建立起一个具有支撑亚洲乃至世界的强大实体经济所需要的国际金融中心,从而才能在国际舞台上拥有较高和较稳定的金融主导权。

为此,我们一定要注意金融中心建设所需要的合理的金融改革路径,否则,不尊重历史的经验教训、一意孤行、本末倒置,将事倍功半,甚至事与愿违。一般而言,金融中心建设的首要任务就是先理顺国内价格市场化的形成机制,然后在完善的激励制度和监管措施的支撑下,让谋求高收益的金融资本能找到很好的、值得资助的"风险"项目。尤其是在此过程中要多为强化教育质量和科研水平等"软实力"的打造服务。接下来,再推进利率市场化和汇率市场化,提高金融机构的创新能力和差异化的市场服务水平,在此基础上,继而推进金融市场的内外开放,增强市场的流动性、竞争力和活力。最后,当上海国际金融中心的地位得到国内外认可的时候,再顺理成章地把人民币业务完全推向国际舞台。

针对人民币国际化初始阶段可能会出现的"不稳定"特征,我们更应该在循序渐进中加快上海国际金融中心的建设的步伐,以此来夯实人民币国际化的基础。这里提出三点政策建议:第一,上海国际金融中心建设要为企业做强实业提供最好的金融服务。比如,建立高收益的债券市场,让民间资本能够在其中充分发挥支柱作用,让专业化的金融家在完善的监管体系和深化的金融市场中创造财富,让我们着力打造企业品牌和议价能力的创新部门获得较为长期和稳定的资金。这样的努力,一定会改变在岸和离岸市场的汇差套利行为。当然,配合这一举措,也要加强境内资本监管,境外也要做实人民币离岸业务,对健康的人民币境外债务产品要放宽境内人民币投资渠道。第二,要强化企业和银行之间的稳定关系,虽然日本主银行体系存在一些漏洞,但是其中金融家参与企业的资本管理和现金流"风险头寸"的控制等业务模式,还是有许多值得我们学习的地方,所以,上海在岸市场国际金融中心的规模要想健康地扩大,金融产品的创新能否更好地服务于实体经济,关键要通过银企合作来实现与强化。只有这样,我们才能更有效地加快利率市场化和金融创新的步伐,从而把金融改革过程中可能带来的对实体经济部门的挤出效应和遭遇投机冲击的风险控制在最小范围。第三,在监管制度和服务功能不断完善的基础上,应该尽快加大对境外合格的金融机构开放境内人民币业务的力度。这一方面可以打破国内金融行业的垄断格局,提升中国金融业的整体竞争力,另一方面,能够通过其服务境内中国企业在岸业务和"走出去"的国际业务,来形成境内金融机构和境外金融机构所构成的"互补性"的金融产业链,比如,一级市场及其所形成的客户网络群的优势集中于中资银行,故它可以向顾客提供更多"基础性"的金融服务,而产品开发和后端服务的优势集中于境外知名金融机构手里,故它可以加大服务中资银行或高端客户个性化理财等"投资性"金融服务。这样的垂直型业务合作,也会推动沪港之间金融中心之间互补机制的运作,实现理想的双赢结果。

Chapter Three | 第三章

市场过度还是政府过度？

制定"标准"比追赶"技术"更重要、也更艰难①

我国专业评级机构——大公国际于 2010 年 7 月发布了对 50 个国家的主权信用评级报告,这是除三大国际评级巨头——美国的穆迪、标普和惠誉之外,非发达国家评级机构的首次尝试。它和我们最近在推进的"人民币国际化"的进程一样,标志着我国正在尝试打开一个争夺世界"金融主导权"的新局面。

众所周知,今天全球开始质疑美国三大信用评级公司的积极作用"起源于"美国引发的这场全球金融大海啸。这场金融大海啸让我们看到,很多三大信用评级公司所评出的高质量的金融衍生产品在这场危机中都变得一钱不值,尤其是对很大一批海外投资者而言,由于出于对它们的权威性的充分信任,而疏忽了自己对所购买的美国机构债权的信用风险的警惕性,结果造成了自己辛苦打拼下来的宝贵财富的真实价值大打折扣或化为乌有,即使账面价值还存在,但是也完全失去了应有的流动性,无法为我们自己的经济发展发挥正常的作用。今天,我们开始打造自己的信用评级公司,目的就在于最大限度地减少信息不对称给我们的财富管理造成的麻烦,尤其是防范美国信用评级公司为了追求"放松要求"所带来的市场份额的增加效果,而有意识地去隐藏美国金融机构的潜在风险和不惜牺牲外部投资者利益这样的"道德风险"行为的发生!

---

① 本文首次发表于 2010 年 7 月 13 日。

我们也注意到,当希腊欧债问题暴露,欧洲政府正在极力寻找办法挽救希腊等国债务问题以防止问题蔓延到整个欧元区的时候,美国三大信用评级公司却火上浇油,一再地调低希腊等国家主权债务的信用等级,导致了这些问题国家的融资成本急剧上升,直到完全失去了市场融资能力。而且,此举还促成了市场抛售欧元的恐慌行为,事实上起到了帮助美国对冲基金"做空"欧元、牟取无风险暴利的负面效果。可以这样说,三大信用评级公司的行为再次暴露出它们在信用评级"时机"把握上的肆意性和不恰当性等严重缺陷:对于美国自身的次贷信用风险信用评级过高,而对欧债信用危机国家的信用评级却过低。所以,我们今天成立自己的信用评级公司,就能在一定程度上做到信用评级的客观性和可控性,避免出现像美国那样"内外有别"的评级内容,从而也就能够提高整个金融体系抗衡外部金融波动冲击的能力。

与此同时,今天连美国前任财长保尔森自己都承认了美国信用评级体系的缺陷和监管制度的落后(具体内容可参考由他本人所写的回忆录《峭壁边缘》),其中造成这种局面最大的原因之一,是这个体系存在垄断,没有竞争,这就造成美国信用评级公司缺乏研发动力来提高自己评估信用风险的能力。如果今天中国信用评级公司的诞生能够打破长期以来由美国三大信用评级公司所垄断的这一信用评级市场,那么,想通过自己高质量的服务和准确的判断来赢得市场的信用评级公司就会不断改善自己的信用评级方式,就会不断地去探索金融创新过程中所带来的全新的风险特征,从而得出符合新产品风险特征的、准确的信用评级结果。所以,从这个意义上讲,大公国际的"声音"不仅是在捍卫中国经济的利益,而且更是在推动全球信用评级市场的效率改善和质量提高的优化过程,从而有利于世界经济今后健康平稳地向前发展。

但是,我们也不可否认,中国要在全球信用评级市场上争夺到金融话语权,而不是简单的"自娱自乐",我们所要面临的挑战还有很多。首先就是"品牌"建立问题。如果我们能够选择恰当的时机作出准确的信用评级判断,那么,事后准确度高的"辉煌业绩"将会渐渐被市场所关注和接受。国际资本移动就会关注我们真实、客观的准确报道,而不是接纳"一再受到挫折"的美国非客观的信用评级指标。其次就是"市场"建设问题。如果随着中国金融业开放度的提高,中国信贷产品不断增加吸引了越来越多的外资金融机构来华投资,那么,中国"输出"自己的信用评级体系就会越来越方便,世界上关注中国信用评级报告的机构就会越来越多,从而中国信用评级的话语权也会随着中国经济的强盛和金融体系的发展变得越来越强。最后就是"方式"创新问题。如果中国未来受过规范训练的金融人才越来越多,中国的信用评级机制能够容纳百川,取其精华,去其糟粕,那么,中国信用评级制度的科学性、客观性和准确性就会在世界舞台上占有重要的地位。

　　总之,我们今天都很重视"自主创新"的问题,都在努力打造人民币在世界财富创造和管理过程中的重要地位,但是,我们也不能忽视在寻找原创和管理财富的过程中确立"自己的标准"在国际市场上的重要性。光有自主创新所形成的"独到技术"还远远不够,光想通过人民币的国际化就能管理世界的财富也有些好高骛远,关键还是要看一个民族靠什么方式来获取财富。事实上,确立"标准"就是其中一个非常关键的环节。有了制定标准的能力,才有可能将技术转变为财富;有了制定标准的能力,才容易得到管理财富所需要的货币主导权。而今天信用评级恰恰就是一种金融业务运行的重要"标准"! 所以,大公国际迈出的第一步意义非同小可,但要想最终拿到"话语权"还是任重道远,需要不懈努力才行。

老百姓为何担忧"财税制度"改革?[①]

2010 年 7 月,财政部部长谢旭人再次强调要继续深化财税制度的改革,尤其是它将成为财政宏观调控的五大着力点之一。税制的改革对促进经济结构调整和发展方式转变,对保障和改善民生,对提高地方政府性债务管理,对抓好财政预算工作都将起到非常重要的作用。事实上,对于中国这样一个"大政府"经济的国家而言,高效率的税制运行就意味着能够产生一个国家健康有序发展所需要的"激励机制":它能够让企业自觉地去不断强化自己,以确保在国内外市场上有持续的竞争力;它又能够让消费者安心地丢掉"后顾之忧",用自己不断积累起来的财富来换取不断改善的生活质量;同时它还能够让所有的专业化团队都能够做到全心全意地拿出自己高质量的服务水平来实现自己报效社会的企业家精神。如果税制的改革仅仅停留在财富的"分配"是否公平、是否超前的层次上,那么,它一定会脱离中国今天所处的发展阶段反映出来的客观条件,一定会扭曲参与社会财富创造的各个主体的利益动机,从而造成政府与市场的利益冲突,企业家与劳动者之间的利益冲突,最终会削弱中国经济发展的活力。

最近我注意到,财政部财政科学研究所撰写了一份关于我国今后十年财税体制改革的战略取向报告,显而易见,这是基于对中国目前财税现状进行了详细、广泛而又专业化的论证基础上所提出的技术性强而又可以投入"试运"的政

---

① 本文首次发表于 2010 年 7 月 30 日。

策建议报告,充分兼顾了今天社会上下所关注的"公平"与"效率"之间的协调关系。比如,个人所得税征收方法如何通过对经常性收入的综合课征与非经常性收入的分享课征相结合来缓解过去"一刀切"的征税方法所带来的事实上"劫贫济富"的不公平后果;另外,开征环境保护税或资源税又希望打开通过税收制度来强化资源分配效率的通道。当然,它也兼顾了现在社会"热议"的中央和地方财政分权所带来的权力和义务的背离问题以及与此相关的地方债问题:一方面,通过扁平化的财税体制的改革和强化中央和省级社会保障的责任来减轻地方财政的负担;另一方面,加强了预算管理和监督的制度建设与机制完善来防范财政违约的风险。不管怎样,如果中国社会财税运行的变革能像这份报告所期待的效果那样"理想",那么,今天中国的税制改革就应该只争朝夕,势在必行!

但是,我感到情况没有那么简单,甚至认为下半年财政部的五大着力点中唯独财税改革应该谨慎推进,要等到社会上下形成"共识"、至少应在经济基本面由政府主导型的"输血型"经济复苏状态转变为市场推动型的"造血型"的经济企稳回暖的状态时再启动,可能会更加显现出财税改革的积极一面,否则,仓促改革,市场很可能会出现过度反应,比如,新兴市场国家曾经经历过的"资本逃避"问题,往往就是发生在经济状况不佳而财税制度又大规模变动的时期。我们今天除了需要国家财研所所设计的那套技术方案以外,更需要为全社会能够对这一新的财税制度达成共识,齐心协力、遵规守矩、再创繁荣而做好一系列的前期准备工作。

首先,中央政府要对即将进行的财税体制改革方案进行全民的信息沟通工作,不能简单地保证不会增加消费者的税负或中小企业的税负,而是要详细说明为什么能够起到减负的效果,让老百姓能够信服这样的做法不会引起对富人有利、对穷人不利的结果。千万不能在没有沟通的基础上,把设计得过于复杂的财税体系交给无法看懂的人大代表们来投票决定,这样做即使在方案形式上合法化了,但是,社会对此政策的不满或恐慌所引起的过度反应,会使得顺利执行后完全可能会产生良好效果的政策,反而在执行过程中走了样,效果适得其反。不管怎么说,即使现在社会各界(代表)暂时没有达成共识,政府的税源确实受到一些影响,但是,让"利"给市场的做法在某种程度上能够弥补公共服务的暂时缺陷所造成的负面影响。退一万步说,即使政府在执行一些已经经过充分论证的有效的财税制度时,也一定要及时披露执行的情况和所带来的实际效果。否则,可能出现的"社会偏见"再加上政府的"不透明"机制,就更加会引起政企之间、官民之间的误解和利益冲突。

第二,强调收入再分配功能的税收制度一定要和其他市场规范制度以及产业政策一起配套执行才能产生真正的效果,否则,会出现最麻烦的激励机制扭曲问题。也就是说,在某些情况下,税负程度的高低本身并不会引起什么麻烦,但是,如果高税负阶层并不能够从高税收中分享到他们所期待的高质量的服务水平(比如,提高奢侈品税本身没有什么问题,但是高收入阶层发现,政府对消费者的保护能力不足或力度不够,使自己遭受了假货、次货或不到位的售后服务这类不愉快经历),那么,这批消费者就会走出国门,不仅去"套"国际上的"税差"收益,而且让中国的消费能力流失在外,导致中国政府的税收效率大打折扣。某种意义上讲,在今天中国贫富差距较为严重的状况下,与其向富人苛重税来解决这一问题,倒不如政府让些"利",保护他们在中国本土安心消费的"环境"(从提供购物信息到"打假",取缔伪劣产品等),通过刺激富人在国内消费这种方式,让富人手中的财富自愿地"转移"到为他们提供一流产品和服务的中低收入阶层的手中,以此来推动中国社会整体的消费能力。这样的做法可能会比政府发挥其收入再分配功能更有效果。当然,今天的中国企业还提供不了中国富人阶层所需要的一流产品和一流服务的问题,更需要中国的产业政策、市场化改革制度等和税收制度一起结合起来,共同发挥扶持中国企业打造世界一流品牌的积极作用才行。

　　第三,财政收支的平衡应该还是要从精简政府部门着手,即减少公共部门过分庞大和不必要的开支,避免由于政府部门过度扩张而导致希腊等国那样的主权债务危机的状况。所以,无视地方负债问题将会后患无穷。但如果政府的功能要做到面面俱到的地步,那么就一定会占用市场的资源,就无法避免经济学家常常提醒的那种民间投资和消费被"挤出"的问题。即使现在政府想做的只是税制上的"结构调整",并没有增加社会整体税负的意图,但是,也可能会因为这种结构变化引起了"激励机制"的扭曲,使得原本的财税效率受到了严重损害,最终还是导致政府财政出现资不抵债的问题——政府原来只想作的税制"结构调整"改革也只能加以修正,不得不走入扩大税基和税源的这类实质上的"增税"状态中。另外,政府财税制度的改革也不能仅仅把眼光放在当前的收支平衡上,而是要充分考虑到如果政府的透支能够带来市场的活力,能够为今后税收收入的增长创造良好的投资和消费环境,那么,财税平衡就应该是一种建立在充分透明、健全的监督基础上的"跨期动态平衡",而不是暂时的、与市场"斤斤计较"的静态平衡状态。

　　总之,财税制度改革不仅仅关系到政府财政收支平衡和社会资源配置过程中所反映出来的"效率"与"公平"的问题,更关系到影响中国经济可持续发展和市场活力所需要的健康的"激励机制";甚至后者这个"利益驱动"问题处理得好坏,会直接左右政府的财政收支状况和财税制度执行的效率。为此,对待这场财税制度的改革我们一定不能操之过急,否则将欲速不达,事倍功半。

不要让民企老总都去做 PE！[①]

2011 年以来，中国"产业空心化"现象严重。多年活跃在经济舞台一线的民营资本，因为商业运营成本的不断上升（工业原料价格上涨、资金成本增加、劳动力短缺和工资上涨等）和市场环境的恶化（外需疲软、贸易摩擦加剧、政府以外的消费能量依然有限、赋税压力不减等因素），不得不将自己的产业资本变成投向房地产、大宗商品市场或直接逐利型高息放贷的金融资本。怎样引导产业资本重回实业舞台，促使企业放弃低附加价值产业、走向高端的结构调整？《中国企业报》记者专访了复旦大学经济学院副院长孙立坚教授。

一、实业资本遭遇内外夹击

《中国企业报》：近几年中国产业空心化现象严重，以制造业发达的温州为例，在不久前公布的一份"2010 年温州市百强企业"名单上，有 40 多家制造企业涉足房地产开发，其中不乏康奈、奥康、报喜鸟等知名制造业企业。您觉得这其中的原因是什么？

孙立坚：短时间内，因为高端人才、风险资本和创新技术的匮乏，他们很难通过自己进行产业升级来抗衡商业成本上升（劳动力短缺和工资上涨的压力、大宗商品涨价、加息、节能减排成本等）给他们带来的挑战。另外，金融危机后，

---

① 本文首次发表于《中国企业报》，2011 年 4 月 19 日，记者王敏报道。

他们擅长做生意的海外市场迅速萎缩，外需疲软，贸易摩擦加剧、政府以外的消费能量依然有限等等，而国内市场的新增长点又集中在国企和央企主导的中西部大型建设上，他们很难再像以前那样在市场上找到一席之地。在社会整体通胀预期不断升温的情况下，他们发现炒楼、炒大宗商品赚钱速度要比做实业来得快。

近期，日本大地震和利比亚局势的紧张等因素，进一步推高了原油和其他大宗商品的价格。而且，国内物流成本偏高、大宗商品市场借国际高价格投机炒作的倾向也只增不减，这就使得本想停留在实体经济领域搞生产的企业，也因为大宗商品价格的不断攀升而不得不退出实业。

这样，多年来一直活跃在经济舞台一线的民营资本，不得不将自己的产业资本变成投向房地产、大宗商品市场或直接逐利型高息放贷那样的金融资本，而没有出现我们所期待的放弃低附加价值产业、走向高端的结构调整的结果，从而使得央行即使管住了银行的信贷投放，但却无法管住大量产业资本的虚拟化所带来的流动性泛滥的问题。相反，目前加息等紧缩货币政策手段，反而可能会让更多的产业资本因为融资成本上升而退出实业舞台。

所以，解决企业生产成本压力，要比紧缩货币政策、收缩楼市中的流动性更为关键。

《中国企业报》：产业的严重空心化是不是会进一步加剧通胀？

孙立坚：当然会。目前生产成本不断上升，产业资本转变成金融资本的风险就会加大，而且，这些从产业中流出的钱会更加利用自己进货的方便，靠生产资料涨价的特征，低价进货，高价卖出。尤其是，真正做实业的是政府投入，结果政府不计较成本的花钱方式，更加令靠价差赚钱的民营资本找到了新的商业模式。结果，成本推动性的通胀问题会变得越来越严峻。

二、紧缩货币政策效果十分有限

《中国企业报》：为解决通胀，央行已在年内两次加息，您认为加息能解决多少通胀问题呢？这对"产业空心化"又有怎样的影响？

孙立坚：加息对解决负利率，遏制银行资金流入市场进行投机炒作有一定的作用。但利率直接关系到企业的融资成本，所以，加息会进一步增添企业做实业的负担。另外，加息还会引狼入室，因为最近热钱又有大量进场的痕迹。美、欧、日不退市、不加息，靠中国单方面加息，不可能改变全球流动性泛滥所引发的大宗商品涨价和农产品涨价的现状。中国目前还是投资主导型经济，大宗商品定价权完全由欧美市场掌控，所以我们的货币政策难以抗衡输入性通胀。

《中国企业报》：不少经济学家认为，今年还有加息空间，您是如何看待这个问题的？如果继续采取"从紧的货币政策"，加上人民币的不断升值，这对"产业空心化"会产生什么样的影响？

孙立坚：从银行的负利率问题考虑，我们不得不及时加息，以确保社会资金不会大量离开银行系统而涌入市场中，从而防止它们进一步催生投机和资产泡沫的现象。另外，输入性通胀也需要我们适度利用人民币汇率的弹性来为企业降低生产成本。但是，千万不能忽略给企业减压的实际效果。否则，升值过快、加息过多，就会让企业在实业的舞台上感到营利能力越来越弱，从而不得不退出生产舞台，导致"产业空心化"现象更加严重。

关键是要以企业承受能力作为衡量我们今天宏观调控政策是否恰当的尺度，千万不能以牺牲中国经济的市场活力作为稳定物价的代价。即使短时间内物价回稳，但是并不可持续，将来刺激经济所需要的财政投入会更大，从而造成通胀的压力再起，到时候形势会变得比现在更加严峻。

对于目前中国通胀压力高企不落的状况，我认为紧缩货币政策的效果是十分有限的。目前要做的应该是怎样在生产成本压力不断增加的情况下,疏导产业资本回到真正做大财富的实业舞台上。这才能从本源上遏制或抗衡成本(非需求)推动型的通胀和资产泡沫的问题。否则,一味地去强化货币政策的紧缩力度,对解决这类通胀问题可能效果就会适得其反。说到底,这本就是一个货币配置的问题,而不是解决货币超发的问题。

三、降低企业税负是当务之急

《中国企业报》:不少外部因素,如欧盟碳关税和日本大地震的后续影响,在不断推高中国社会成本推动型的通胀压力,在这种大背景下,应该采取什么样的措施,缓解通胀,尽量减少"产业空心化"现象?

孙立坚:手段有以下几个:第一,给企业减税,而且最好是企业减税和整顿楼市政策两者并用。第二,梳理工业原材料价格的形成机制,打破垄断和不必要的流通环节,以此降低国内工业原材料价格。第三,用好战略储备的供应策略,帮助企业对冲现时点国际金融资本投机操作和地缘政治波动所带来的工业原材料价格狂涨的不利局面。第四,放慢影响工业成本的市场化改革步骤,在经济活力充分体现的时候,再加快工业要素市场的价格自由化的步伐。否则,改革效果会适得其反。

《中国企业报》:在生产成本不断增加的情况下,降低企业税负能让产业资本回到实体经济吗?

孙立坚:我相信能。欧美国家的政府今天也在给企业大量减税,企业成本负担已经有了明显的减轻。配合现在政府对市场价格机制扭曲问题的整顿,通过减税来降低企业,尤其是民营企业的生产成本,继续鼓励民营资本做自己擅长的实业,这些都是让大量产业资本重回实业舞台所不可或缺的手段。当然,中国今天商业成本负担的加重全靠减税是不可能的。所以,放慢人民币升值的速度、控制好利率的水平、有的放矢地选择新能源战略是必要的。不要再给企业增添额外的麻烦。那种认为靠成本上升倒逼民营企业产业升级的想法是不切合中国国情的,而且也是不负责任的。最后,我们看到的将是成本上升非但没有逼出结构调整,反而诱发了流动性泛滥的问题。

四、巧用创投配置金融资源

《中国企业报》:如何发挥金融体系的作用,引导产业资本重回实体经济舞台?

孙立坚:可以通过消费和投资两个渠道来进行。一是要保护消费者的利益,让代表中高收入群体的企业家安心地在国内消费。做到让先富起来的人先消费,从而把收入通过市场机制转移给为他们提供商品和服务的中低收入阶层的手中。这比对高收入者实行重税效果要好很多。二是要像欧美国家那样,通过对企业慈善投资行为的税收优惠政策和通过建立遗产税的做法,来杜绝因世代财富传承而创造出更多机会不平等的不合理现象。对今天的中国而言,机会不平等比收入不平等更有害,需要彻底解决此问题。仇富心态会影响一个国家市场经济的活力。在这里,我们也强调要加大法律制裁的力度,严厉惩处贪污腐败、坑蒙拐骗,甚至谋财害命的"致富"行为。

《中国企业报》:金融机构还具有专业化资源配置的功能,可以吸收目前大量存在于投资体系外的产业资本,然后配置到高效率和高收益的实业投资项目上,这方面的积极性如何调动起来呢?

孙立坚:如果没有一批从事创投业务的、社会责任感强的专业化金融资源配置的机构存在,那么,流动性泛滥的问题甚至都不会在监管日益强化的正规的银行业、股市、楼市渠道中出现,而是在"豆"你玩、"姜"你军、"蒜"你狠、"盐"死你这类事前无法有效监管的灰色投机渠道中频繁现身。

金融专业投资团队和企业家出身的专业团队结合在一起,在良好的政策制度的扶持和约束下,把合法募集到的社会资金投到将来能够带来巨大财富增长的项目上,而不是为了形象工程进行不顾回报的低效率资金投放。有效地把资金投入到高收益的项目以后,即使我们民营资本不搞企业,他们的钱通过专业化的团队配置到实体经济中利润增长高的项目上,也不会出现产业资本闲置所带来的流动性泛滥问题。

较量:看得见的手与看不见的手①

最近,我常常去长三角和珠三角地区调研和讲演,发现当地越来越多的民营企业家都在反映融资困难问题,甚至超过了 2008 年金融危机最严重的时期。在紧缩型的货币政策和结构调整的产业政策推动下,这个结果似乎无可厚非。但是,引起我们注意的是,这些企业并没有像金融危机时那样出现接二连三的破产现象。于是,在调研中我们又发现,当地的民间金融今天变得异常活跃,也许正是这个现象部分解释了中小企业为什么还在生存的疑问。但是,细想一下,疑问还是无法消除——这些中小企业究竟靠什么来偿付民间借贷的高昂成本,现在月息 5 分甚至 6 分(年利率 50％～60％)的贷款已经成为民间金融市场的一般行情。

正是在这样资金饥渴的背景下,一方面,我们注意到了一些地区私募股权基金募资的热潮,少则几倍、多则几十倍甚至上百倍的投资回报率,吸引了一批

---

　　① 本文首次发表于 2011 年 6 月 28 日。

又一批来自低迷的股市和楼市以及不堪银行负利率的 VIP 客户所拥有的大额资金。但是,为了实现给这些投资者的高额回报,私募股权投资基金很多都是在追求短期高回报率的风险投资,创业板市场中的套现行为很多就是私募投资机构所为。现在它们的高回报募资策略又逼得很多正在遭遇"钱荒"的银行也不得不铤而走险,发行各种高回报率的理财产品来争夺被民间金融市场夺走的客户。

另一方面,我们还注意到,创业板的一些上市企业还没有成型,却在市盈率急速膨胀的环境下,获得了意想不到的巨额现金流,而这些超募的资金一下子就让这些公司老板的身价发生了天翻地覆的变化,但是成了亿万和千亿万富翁的他们,为什么又急着匆匆离场,而不是发挥他们事前在募集资金计划书中所写的自己的企业具有的"非凡实力"呢? 而且,对中小企业来说,在今天这么"寒冷"的民间信贷市场上,居然也看到个别投资项目出现了超募的结果。这说明:今天的中国市场不缺钱! 甚至大量的钱还到了国家监管部门不希望看到的市场中,比如,农产品和工业原材料用的大宗商品市场价格被节节推高,这种严重影响经济健康发展的流动性的情况,已经逼得央行在不断收紧流动性来抗衡物价上涨和资产泡沫的压力,但从中小企业今天出现的上述问题上我们也能看出,紧缩政策的结果并不尽如人意。

最让人的担心的是,今天一些真正想实现企业家成功梦想的达人却因为没有满足国内融资的门槛条件,不得不进入美国市场中去实现自己的发展计划,当然,也有一些不知美国市场对"概念股"要求甚严的中资民营企业,为了缓解自己资金的饥渴,不顾自己的实力高低刻意包装自己,去杀进看似对所有企业"公平"的美国市场,结果,一小撮人的造假行为让我们真正有实力的中资民营企业也在美国做空力量的打压下集体蒙受耻辱。这就是同时发生在今天中国式"钱荒"所造成的一系列离奇的现象!

那么,是什么内在的原因会导致近来中国大地频频出现这种中国式的"钱荒"现象呢？我想今天这种"产业资本"与"金融资本"激烈角逐的背后，一定存在着一些深层次的矛盾，它主要体现在以下几个方面：

第一，这些年来，美国华尔街的金融机构利用自己超越监管的"衍生品创新"的能力，绑架了各国政府为"金融泡沫"的"软着陆"而不得不采取积极的救市措施，从而导致复活的金融资本因为实体经济的低迷状况而没有去为企业投资和居民消费作出贡献，反而纷纷来争抢今天本属于产业资本生存的领地。比如大宗商品和农产品市场，还有高速发展的新兴市场，这些市场出现了价格膨胀、大幅波动的格局，包括中国在内的很多新兴市场国家不得不被动加息，从而进一步推高了本国产业的资金成本。当然在中国，融资能力本来就脆弱的中小企业因为如今生产成本节节攀升，欧美市场又低迷不振，所以，他们不能像过去那样以自己杰出的生产业绩来弥补自己融资条件困难的处境，只能面对"钱荒"的煎熬。

第二，由于金融危机爆发后，中国经济的增长方式从过去以民营企业出口导向为主的投资方式变成了今天以各级政府"铁公基"建设和大企业参与进来的地方城市化建设为主的投资方式，虽然在短时间内我们取得了防止中国经济"硬着陆"的丰硕成果，却也带来了不可忽视的后遗症：一些国企和央企利用自己得天独厚的融资能力和处在产业链上游的优势，却不满足于国家和地方政府所要求的低效益的投资项目，而是将可观的资金投向了高收益高风险的领域，比如楼市和大宗商品市场，造成了这些市场流动性泛滥的后果，这也使得国家为了减少积极财政的后遗症，不得不以稳健的货币政策来收回前期投放的流动性，但效果并不理想。

第三，今天广大遭遇"钱荒"的中小企业，从事的行业也是金融危机后国家产业结构调整需要控制的"三高一低"行业，油价、水电煤价的上涨和人民币的急速升值，以及拉闸限电等节能措施都给它们的产业生存条件增加了巨大的负担。本来我们都期待它们发挥"船小好掉头"的产业升级优势，但事实上，事后的变化让我们看到了今天它们所面临的两种不同的"尴尬"：

一是很早就放弃实业，拿着自己的产业资本和抵押所获得的银行低息贷款去追逐高收益的楼市投资、一路上涨的大宗商品、被市场看好的字画名酒收藏行业和刚才提到的私募股权投资行业，带来这些行业的商品价格急剧膨胀的效果，实现了它们今天"以价补量""以钱养钱"的盈利模式。但是，一旦价格不上涨，没有了资金去还贷，就逼得他们要么变卖手头的资产，要么去高利贷市场借钱还贷，现在看来，在通胀预期还没有消失的情况下，它们选择的是通过高利贷来弥补资金链的缺口。

二是那些一开始"心不活"的中小企业，在吃过去的"老底"来等待产业的春天到来，它们因为人才的匮乏和资金的短缺，并没有能让我们看到真正意义上的产业升级，虽然，近期一些中小企业都拿到了不少出口订单，但是，面对民工荒、生产成本的高企和贸易摩擦的升温，它们也只好稳重行事。不过，现在高利贷市场旺盛的资金需求却吸引了这批留下来的企业老板，他们开始把自己的产业资本以私募或小贷公司的合法身份投到了看上去能够赚到快钱和暴利的民间高利贷市场，满足了今天不想自己砸盘的企业家的资金需求，这使得民间市场的借贷成本随着紧缩货币政策力度的加大而一路上扬。从这个意义上讲，国家的宏观调控没有起到真正的效果，有些价格平稳的现象也是暂时的行政管理的效果。

第四，由于今天市场活力的匮乏，而政府积极的财政投资在支撑着中国产业资本发展的方向，于是，大量的资金都聚集到政府指导的新型战略产业中，很多不具备条件的地区和企业也为了融资的便捷性，一窝蜂都集中在新能源等国家扶持的项目上。尤其是这两年来外国一些机构知道了我们好大喜功的特点，把新能源低端的生产环节搬到中国来，并利用我们互相恶性竞争的市场环境获得了最低廉的外包条件，事后我们很多人才意识到，新能源或清洁能源项目虽然在消费环节非常节能、清洁，但生产环节要比传统制造业更耗能、更污染环境。而且，有些清洁能源项目因为在国内没有交易市场，所以它后端的利润部分也被外资企业轻易拿走。尤其令人担心的是，这些行业还没有开始出现实质性的高附加价值增长的阶段，就已经暴露出重复建设的泡沫问题。所以，我们今天不得不指出的是，有些增加附加价值的思路实际上超越了我们今天的生产能力和市场发育的成熟度，形式上在做"高端"，但实际上丝毫没有改变中国加工贸易的制造特点，结果造成资金过度地集中在强调"创新概念"的企业手中，而给其他产业资本的发展增加了前所未有的"钱荒"负担。

第五，目前通胀的特点是成本推动型的，而且，在遏制通胀有效的手段还没有形成时，更加剧了市场对未来通胀的预期，于是，出现了今天"以价补量""以价胜量"的盈利模式。比如，囤积商品（"电荒"也有这方面的因素）、高息短贷等企业行为变得普遍起来，这样使得成本推动型的通胀愈演愈烈，从而造成了社会各个生产、物流和服务环节中，面临上游单位价格不断上调的环境，下游企业和消费者不得不付出更多的资金代价。于是，缺乏资金而又安于现状的中小企业就更加会感到"钱荒"的压力。为了平衡这种压力，今天绝大多数的中小企业都会拿出一部分的产业资本，将其用到高回报高风险的金融属性的投资或投机中，这更加剧了产业资本"钱荒"问题的严重性。

因此，为了解决中国式的钱荒问题，改变今天国家产业资本（看得见的手）和民间金融资本，包括热钱（看不见的手）之间激烈角逐的现状，我们提出如下几点政策建议，期盼有关方面能够拿出比紧缩货币政策对付成本推动型通胀问题更有效的政策组合拳：

第一，多元化的产业结构符合中国现阶段的发展状况和需求，高附加价值的产业升级和结构调整是我们中国经济未来发展的必然趋势，但是，在中国目前人才和资金以及金融体系的成熟度还相对匮乏的时候，全国各地都搞同样的新型战略产业的发展规划可能会占用资源，形成低端同质化生产的恶性竞争。反而，在传统行业，通过这些年来的学习和磨炼，附加价值实际上已有可观的提高,但却遭遇到政策的歧视。因此,我们认为应该给所有的生产性企业,尤其是民营企业降低税负、物流成本并为他们提供公平的竞争环境,让产业资本重新站上经济发展的大舞台。尤其是目前在成本推动型的通胀压力下,阻止产业资本走向金融资本的途径,就更显得必要和紧迫。

第二,我们要警惕目前金融资本快速膨胀,从而导致产业资本也集中往上游转移的现象。这表现在今天不少企业和机构的盈利方式已凸显出"以价补量"的格局。为此,在政府部门的支持和协助下,一定要强化专业型和市场型的监管方式,及时释放金融投机属性所积累的价格膨胀的风险。否则,金融资本必将"挤出"产业资本,造成最严重的经济滞胀的后果。

第三,我们要规范财政投资的项目运营方式,严防产业垄断资本和金融投机资本结合在一起牟利的不良现象。严厉打击企业"以价补量"盈利模式中寻租腐败的行为。现在应该做的是尽快改变积极的财政政策,减少不计成本的投资需求。把经济运行的重任交给市场和按市场规律办事的企业家,而加息的紧缩货币政策只会增加外汇占款和"挤出"产业资本的风险。企业搞活了,制度搞好了,"负利率"现象就会因为新一轮由企业家推动的增长方式的形成而消失。从这个意义上讲,政府应该大力扶持和帮助企业与机构在推行的健康的产业金融和科技金融的创新手段,让金融资本真正为有成长性的产业资本服务。

当前通胀压力的释放不能依赖紧缩的货币政策①

今天中国通胀压力高企不落的原因已经不再是简单的基础货币投放过多或银行贷款冲动所造成的流动性泛滥的结果，而是内外错综复杂的货币环境和价格形成机制造成的后果。所以，靠我国央行简单的货币紧缩政策来抗衡目前日益严重的通胀压力，效果将会十分有限。

不可否认，中国在金融危机爆发前的很长一段时间里，由于外向型出口和外商投资推动的经济增长模式，在汇率稳定和强制性结售汇制度的保驾护航下，中国货币增速加快的很大一个原因是来自于外汇占款。但是，金融危机爆发后，出口的增长势头和外商来华投资的能力都受到了较大的影响，再加上中国政府主动推进的进口战略和汇率升值的步伐以及工业原材料进口价格的大幅上涨等因素，我们的外汇占款所带来的基础货币投放的压力随着由此带来的对外顺差的减少而得到大大缓解。显然，目前紧缩货币政策的主要目的不是控制外汇占款增加所造成的通胀压力。

当然，我们也应该看到，从 2008 年第四季度开始，中国政府采取了积极的财政政策和适度宽松的货币政策，配合 4 万亿财政救市方案，推动了中国经济发展的繁荣势头，并带动了银行业近 10 万亿信用贷款的社会投放，使得地方政府信用平台上投资项目的增速大大提高，房地产市场的投资和消费状况也得到了空前的跃进，以至于中央政府对目前这两个渠道上的银行放贷产生了很大的

---

① 本文首次发表于 2011 年 4 月 10 日。

忧虑。从这个意义上讲,目前通过紧缩货币政策来对前期货币大量投放的后遗症和银行的房贷冲动行为进行必要的修正和强化信贷监管确实无可厚非。

但是,我们认为今天物价不断上涨的原因远比上述传统思维模式下的货币增长所致的后果要复杂得多:第一,这些年来一直活跃在经济舞台一线的民营资本,今天因为商业运营成本的不断上升(工业原料价格上涨、资金成本增加、劳动力短缺和工资上涨的压力等)和市场环境的恶化(外需疲软、贸易摩擦加剧、政府以外的消费能量依然有限、赋税压力不减等因素)而不得不将自己的产业资本变成投向房地产、大宗商品市场或直接逐利型高息放贷那样的金融资本,但没有出现我们所期待的放弃低附加价值产业、走向高端的结构调整的效果,从而使得央行即使管住了银行的信贷投放,却无法管住大量产业资本的虚拟化所带来的流动性泛滥的问题。相反,目前加息等紧缩货币政策手段反而可能会让更多的产业资本因为融资成本的上升而退出实业舞台。这也给中国政府目前大力强化的楼市整顿带来了不小的麻烦。

第二,虽然我们取得了救市计划的巨大成功,让中国经济非但没有出现负增长,而且在摆脱危机的过程中一跃成为世界第二大经济体,但是我们不得不承认,取得这个成果的后遗症也非同小可,最主要的就是这两年中国经济资金使用的效率上出现了不容忽视的问题——效益低的项目投资过度,产业资本漏出到逐利性房地产投资等虚拟金融投资部门。这一现象给中央推动"十二五"发展规划也带来了巨大的挑战:一方面结构调整和改善民生需要资金的扶持;但是另一方面,因为资金使用的效率低下,使得资金投入无法真正用在实体经济发展的轨道上,从而资金泛滥造成通胀、资产泡沫问题的加剧,会遏制中国经济健康发展的步伐。从这个意义上讲,目前中央政府一改以前政策实施的模式,在"十二五"发展大规划开局之年反而先大力整顿市场、收紧银根,这也是给后面"十二五"规划的全面实施创造了一个不可或缺的健康的宏观经济环境。不过,我们还是认为,货币紧缩政策的出发点虽然能够治"标",但是事后被动地去回收流动性的紧缩政策并不能治"本"。

第三，造成今天中国物价上涨的压力是成本推动型的价格上涨，而不是需求旺盛所导致的结果。尤其是工业原料和农产品价格不断攀升的原因是我们货币政策望尘莫及的国际市场价格狂飙所惹的祸。一方面，中国经济目前的发展阶段决定了我们的增长方式还是离不开投资拉动，于是，中国投资的旺盛（其他新兴市场国家投资需求的旺盛更是火上加油）也让国际游资利用这个潜在的刚性需求来推高大宗商品的价格，由此搭上中国经济增长的便车（只要中国经济暂时出现负面因素，就能看到国际油价会作出迅速的反应）。再加上日本大地震和利比亚局势的紧张等负面因素进一步推高了原油和其他大宗商品的价格，而且，我们自己国内相关部门的物流成本又偏高、市场借国际高价格投机炒作的倾向也屡增不减，这就使得本想停留在实体经济部门搞生产的企业也因为大宗商品价格的不断攀升而不得不退出产业。另一方面，虽然我们除了玉米外农产品的进口并不多，但是国际农产品价格的飙升间接"指导"了国内的高位定价，于是粮食等价格的上涨也是中国通胀高企不落的一个重要因素（这也使得工人要求提高工资成为一个无法回避的理由）。欧美国家之所以出现今天流动性泛滥以至于金融投机商都感到如今离开"软"通货（"放水多"的美、日等国家，其货币在常态下都会走向疲软）、绑架"硬"财富（欧美市场的大宗商品，新兴市场的不动产）才是"安全致富"的上上策，这是因为发达国家的政府为了让自己的国家在百年一遇的金融大海啸的冲击下不至于陷入经济"硬着陆"的局面，而纷纷采取了大规模的注资救市行为，这使得从2008年欧美所形成的大泡沫发展到今天，不但没有被击破，反而又复活了，从而带来全球流动性泛滥的挑战。对此，我国央行想解决这一后遗症是根本不可能的，除非欧、美、日等发达国家都一齐退出宽松的货币政策，否则中国成本输入性通胀问题就无法从源头上加以克服。

第四，社会大众在不断强化的通胀预期的驱动下，涨工资的诉求、追求高收益金融投资的愿望不断强化。这导致我们的工资增长的作用更多地体现在逐利性的市场（楼市、股市和金市等）中资金量不断膨胀的现象，而不是体现在实体经济中消费量的不断增加。这种压迫劳动力成本不断上升的局面和在金融投资渠道有限的情况下，大众投资的"羊群效应"所产生的短期"财富效应"，都会更加促使一些民营资本选择主营业务虚拟化的"结构调整"，而消费者则更多地会出现将自己的存款搬家这种"脱媒"的举动。如果这种现象持续下去，实体经济的投资规模由此不断萎缩，那么，未来民生的福利改善就更加会增加财政的负担。于是，今后货币"超发"的现象必然会升级，最终所带来的恶性通胀问题就是文章开头部分所提到的、发展中国家很容易形成的"高通胀"机理。

第五，在抗衡危机冲击的这两年中，西方世界看到的更多的是中国政府积极救市所带来的良好的宏观经济局面，却没有真正意识到这背后所存在的、与流动性泛滥问题伴随在一起的通胀和资产泡沫的严重挑战。于是，要求中国负起大国的责任和敦促中国改变靠价格竞争的出口战略的呼声越来越强，甚至演变成不断升温的贸易摩擦。中国政府也把被动的压力变为主动的调整——努力改变自己的增长方式，于是，近期汇率升值、水电煤价格市场化、油价跟国际接轨、工资收入水平的提高以及推进和欧美国家同步的节能减排措施等的"结构调整"，不仅在一定程度上增加了工业生产的成本并由此可能抬高了社会整体的物价水平，而且客观上还降低了中国产品的国际价格竞争力，从而在短时间内不可避免地让中国大多数民营企业去面对库存增加的压力。显然，紧缩的货币政策是不可能缓解生产要素市场与国际接轨的改革步骤所带来的通胀压力的。

第六，虽然目前热钱流入不是当下中国经济的主要矛盾，但是，如果我们紧缩的货币政策与欧、美、日等国超宽松的货币政策的反差继续扩大，那么，今后随着我们资本账户下自由兑换程度变得越来越方便（比如借人民币国际化的题材，借我们股市国际版推出等入场渠道），利用我们提供的内外利差和人民币升值的空间（实体经济面的结构调整还没有完全到位，不可能让汇率制度改革一步到位）来中国套利的热钱就会变得越来越多，热钱所造成的外汇占款——另一种方式的基础货币的增长就会变得越来越快。与2007年下半年和2008年上半年由贸易顺差和外商直接投资造成的外汇占款情况不同——热钱造成的通胀压力和资产泡沫不是当时经济过热的产物，若任其自由发展下去，它根本不会给今天中国经济的发展带来任何生产力的提高和财富增长的效果，反而让我们面临东亚危机的风险变得越来越大。所以，当前紧缩性的货币政策和加速推进的人民币国际化的开放战略结合在一起，可能会后患无穷！

因此，面对上述造成中国通胀压力高企不落的错综复杂的原因，我们认为货币紧缩政策的效果是十分有限的。目前唯一要做的应该是怎样在生产成本压力不断增加的情况下，疏导产业资本回到真正做大财富的实业舞台上，只有这样才能从本源上遏制或抗衡这种成本（非需求）推动型的通胀和资产泡沫的问题。否则，一味地去强化货币政策的紧缩力度，对解决这类通胀问题可能就会适得其反。说到底，这本是一个解决货币配置的问题，而不是解决货币超发的问题。即使货币存在超发，但是在目前成本推动型通胀压力面前，通过提高货币配置的效率来缓解货币超发的冲击会显得更加有效。从这个意义上讲，非对称的货币政策手段相对而言会比"一刀切"的宏观调控更好，但是，这牵涉政府配置资源的能力和效率与企业相比孰强孰弱的问题。考虑到近来官员贪污腐败现象严重，我们认为应把配置的问题交给市场，而政府应该做好为市场服务的工作和针对市场配置过程中可能出现的"超发"现象实施有效的监管，这才是政企之间增强市场活力的最好的分工形式。为此，我们提出以下"二选一"的政策建议：

一是降低企业税负、增加产业转型过程中企业的财力和人力资源的扶持，以此提高企业实业投资所需要的盈利空间。同时，保持目前利率和汇率的相对稳定，对抗衡成本型通胀问题可能利大于弊。因为让产业资本回到实业舞台上的举措在短时间内不可能寄希望于企业通过结构调整来提高他们盈利的能力。尤其是金融危机的阴霾还没有散尽，内需的形成还需要我们先解决好疏通民富的良性循环机制、社会福利改善、消费者利益保护、企业产品的质量提高等问题的时候，更不是靠简单地加工资、转移性福利补贴等手段就能带动内需的增长。所以，配合现在政府对市场价格机制扭曲问题的整顿，财政部和税务总局应该通过减税来降低企业、尤其是民营企业的生产成本，应该继续鼓励民营资本做自己擅长的实业，这些可能都是让大量产业资本重回实业舞台所不可或缺的手段。"两条腿走路"（即一方面结合国情进行破旧立新的结构调整；另一方面不能丢掉改革开放 30 多年积累起来的成功经验——传统不等于落后）是今天中国成功进行结构转型的必要条件。如果一味地继续不断加息和升值，而且，默认成本的上升会"倒逼"企业进行结构调整的幼稚想法，都有可能会催生更多的"产业资本"变成"金融资本"，从而使这些事前看上去"出发点很好"的宏观调控政策最终都会不尽如人意，甚至效果适得其反。

二是在加快要素市场改革步伐的同时，要充分发挥金融体系配置大量产业资本重回实体经济舞台的作用。因为要素价格的上升必然会使得没有提高盈利能力的企业退出实体经济的舞台，这时他们手中大量的产业资本会因为寻求资本运作的高收益而涌向社会，如果此时没有一批从事创投业务的、社会责任感强的专业化金融资源配置的机构存在，那么，流动性泛滥的问题甚至都不会在日益监管强化的正规的银行业内和股市或楼市的渠道中出现，而是以千姿百态的"豆"你玩、"姜"你军、"蒜"你狠、"盐"死你这类事前无法有效监管的灰色投机渠道中频繁现身。从这个意义上讲，发挥民营金融机构的专业化资源配置功能，去吸收今天大量存在于正规金融体系之外的产业资本，然后配置到高效率和高收益的实业投资项目上，已经变得日益重要且刻不容缓。

当然，配合上述"两选一"的政策建议，我们还非常希望政府尽快建立"一堵一疏"的财税体系，鼓励民营资本尽快进入到扶持有为的年轻人和人才精英的创业活动所蓬勃发展起来的天使基金(慈善基金)的行列中。具体而言,一方面,通过"遗产税"的设立来"堵"住财富世代传承的行为,避免由此可能带来的越来越严重的"机会不平等"的问题;另一方面,通过确立产业和技术创新项目可减免税收和其他有效的激励机制,来鼓励民营资本克服自己的知识瓶颈和成本上升的压力,去扶持可能给社会带来巨大财富的创新研发活动,而不是消极地去寻找资金的致富之道。只有这样,才能使走向金融资本、催生泡沫的投机风险大大缓解,并且,高端产品和服务能力的形成会让更多去海外消费的高收入阶层留在本国消费,带动我们国内产业的发展、就业的增加和收入的增长,而由这种"民富"的良性循环机制所带来的中国内需主导的增长方式才会变得越来越可持续。否则,高端收入群体因为国内缺乏能让自己称心如意的品牌产品和安全的消费环境,不得不选择在国外消费、在国内财富管理这样的生活方式,那么,他们虽然对世界经济的发展作出了功不可没的贡献,但是,因为他们掌握着中国巨大的财富,所以在国内所到之处都会形成那里价格不断上涨的压力(贫困群体的生活压力也会越来越大),而此时如果简单地通过"高收入高税收"的措施来遏制他们进行金融投资的冲动,同时以此来扶持中低收入群体抗衡通胀的能力,那么,不仅有可能会滋生社会总体"不劳而获"的思想(对于那些靠贪污腐败、坑蒙拐骗手段牟取暴利的不法分子,对他们仅仅实施重税的惩罚是远远不够的),从而大大损害了经济发展的活力,而且因为高端收入群体避税的手段五花八门——或将大量的产业资本游离于国家正规的产业和金融体系之外去寻找生财之道,甚至还有可能导致大量产业资本外逃的危险局面!无论哪一种结局都会使得我们宏观调控政策的难度不断加大。

　　总之,今天跟国际价格接轨的市场化改革和欧盟正在启动的航空碳关税以及日本大地震造成的工业制品核心部件短缺的问题,都在进一步加大中国社会成本推动型的通胀压力。所以,多给企业减税而不是加息,则是抗衡成本型通胀、保持经济活力的有效方法!只有企业兴旺,民富才有依靠!而靠财政透支或增税来改善民生,不仅会使更多的"产业资本"因商业利润被"挤出"而转向"金融资本",从而造成在"中国正规金融体系"之外的流动性进一步泛滥的问题,而且,还会影响建立在"多劳多得"基础上的中国社会的发展动力!

从日本政府危机管理中学到什么?[①]

东日本大地震引发的次生灾害,从万丈海啸到不断严重的核污染,再次向世人展示了人类抗衡自然的极限:尽管日本位于多地震板块,防震技术应该和经历了两次原子弹爆炸后所渐渐成熟的白血病治愈技术一样,堪称当今世界首屈一指的水平,但是,也正因为海内外之前一直有这样的共识,所以,今天海啸给日本东北部造成的巨大摧毁力和不断从福岛核电站传来的越来越严峻的核污染状况,让大家一时间都产生了超出想象的惊恐和强烈的避险动机。

当然,我相信,只要核污染问题能得到有效控制,随着时间的推移,短期内担心日本制造业从此停滞不前,以及世界经济因国际分工格局被日本的退出所打破而造成的滞胀风险也会渐渐淡化,全球金融市场、大宗商品市场的剧烈震荡更会从已经全球化的日本各类大企业的业绩复苏中而得到大幅度的缓解。毕竟地震中心的日本东北部的产业集中度和企业核心竞争力,与以东京横滨为中心的京滨工业区、曾在 1995 年同样遭遇到大地震袭击的以神户大阪为中心的阪神工业区以及以长崎福冈为代表的九州工业区相比,都不是在同一个数量级上。日本东北三县加在一起 GDP 的总规模是 30 万亿日元,占日本全国 GDP

---

① 本文首次发表于 2011 年 3 月 20 日。

的 6％,而当年(1995 年)阪神大地震区域的 GDP 总量就已经达到 70 万亿日元。当时阪神工业区再现其复苏的景象只花了半年的时间,而全面恢复也只花了两年的时间,大大缩短了市场悲观的预期下所作出的十几年、乃至几十年的判断。

不可否认,这次日本东北部发生的大地震最大的杀伤力不是地裂山塌本身,而是人们没有预料到的次生核污染和海啸的杀伤力。到现在为止,日本政府和相关技术部门都表现出无所适从的局面。如果说"9·11"事件和 2008 年百年一遇的金融危机是意想不到的"人祸"所致,那么目前史无前例的东日本大地震和我们所经历的汶川大地震就是不可抗拒的"天灾"所为,无论是哪一个大事件,它们最大的特征都是小概率事件(罕见)和大灾难后果(悲惨)。而且,每一次针对大危机的管理方法都暴露出,人们总是按照事前早已设想好的应对方式(所谓"手册"方式)来自卫,而缺乏在管理突发性危机问题上随机应变的能力。今天若我们再不认识到应对小概率事件的严重性,那么我们必然会在大灾难面前手足无措,就连本来所具备的应急能力也因内心惊恐万状而无法正常发挥,从而导致次生灾难的危害大大超过了事件本身所造成的影响。由此带来的市场和社会上下的过度反应更会进一步恶化摆脱危机所需要的经济基础。

之所以会造成今天这样惨不忍睹的后果,我想最主要的原因在于事前我们对自己的危机管理能力"过度自信"和事后缺乏"打破常规"应对危机的勇气和果敢的行动。于是,就会出现所有的治理模式过于依赖历史事件所提供的"场景",无论是防范"人祸"(比如恐怖行为、滥用金融创新工具的行为、隐瞒可能引起重大灾害信息的行为等)的监管措施,还是应对"天灾"(地震海啸等)的模拟演习,都无法从根本上解除由于事发中所出现的"信息不对称"和"信息不完全"现象所带来的对大灾难的机理误判或无知的严重后果。最终当灾难全面恶化和爆发后,才从惨痛的教训中渐渐去摸索应对措施,结果付出了沉重的代价也没有得到相应的效果,反而在下一个表现形式不同的小概率事件中,又一次上演上述狼狈不堪的慌乱局面。为此,基于最近这几次发生的意想不到的大危机的破坏力和应对危机能力的局限问题,我想也从"事前"和"事后"两方面的视角来提出一些政策建议:

首先,除了"不能让历史重演",加强同性质事件再度发生时的危机管理能力之外,我们应该要百倍重视在事发中提高相关"信息"质量和透明度的问题,而不能过于相信建立在历史数据基础上的防范措施和所拥有的先进的科学设备;要在当前可能具有杀伤力的"少数人物"的行为和"自然破坏"的变化面前,打破以往的思维惯式,去不断挖掘新的危害特征。当然,对于小概率事件,人们往往会出于经济上收益与成本考虑(比如花很大的财力和精力去对付罕见的灾难并不值得的看法),或因"搭便车"可能性的存在(若别人不重视只有我重视的话,即使厄运降临,那些没有准备的人,也能搭我的便车,甚至因为他们的进入,导致抗风险的能力下降而让自己也无法摆脱危险)等因素而不被重视。于是,一旦大灾难发生,它所引起的社会破坏力就变得异常凶猛,始料不及。

所以,政府部门事前对信息的挖掘和披露以及建立在充分信息基础上的管理就显得十分重要。为此,各政府部门之间应该努力打破行政壁垒、保证做到信息的共享。在这方面,我很担心日本社会中特殊的官僚经济体系会与阁僚体系产生行动上的不和谐。因为我们看到,日本政界经常更换部长和首相,但是日本经济却依然如故。这主要是因为在政府各级执行部门的负责人采取终身雇佣制,他们和大企业、大机构保持着密切的关系,而对上级"部委领导和中央领导"的指示却可以置之不理或消极对待。日本社会也在质疑,因卷入政治献金问题而失去信赖的时任日本首相的菅直人,此次究竟能否发挥驾驭危机的能力?

另外,为了做到在小概率事件面前胸有成竹,也需要国家与国家之间跨越民族利益冲突的壁垒来推动信息共享。比如避免大灾难就需要更广泛、更深入的与民合作、与国合作的信息生产和信息披露的有效方式。从这个意义上讲,全球首脑峰会今后更多的是应该探讨人类应对自然挑战和防止"人祸"问题上的智慧共享问题，而不是总在各自的国家利益问题上过于斤斤计较。

　　总之，信息不充分的理由各式各样，比如，受到科技进步程度约束，捕捉大事件的能力有限；当事人考虑自身利益隐藏信息（现在包括"东京电力"在内的日本核危机处理的相关部门，其信誉正在受到严重的挑战）；甚至更加恶劣到有意上演一出道德风险闹剧，让无辜的大众因为信息的缺失而为这些少数人所抛弃的高风险埋单；还有就是因为与民合作和与国合作的机制不完善，把事前恐怖分子筹备袭击行动中所释放出来的各种零散而又宝贵的信息遗漏了。不管是哪一种，只要打破自信所带来的满足感，不懈追求宝贵的信息，那么，小概率事件中的大危机所带来的直接危害和次生灾害所扩散的危机程度都会大大缓解。这次日本民众对地震本身的淡定心态和忍耐力以及对"东京电力"和日本政府面对次生灾害——核污染问题处理方式上的极大不满，都给我们上了一堂非常难能可贵的危机管理课程。

　　其次，事后需要打破常规思维模式的果敢行动力。邓小平有句名言：不管白猫黑猫，抓住老鼠就是好猫！虽然在应对大危机的时候只看重实效的理念很难在民主议会制的发达国家被轻易采纳，因为它所引起的后果有正反两方面：正面效果是能够迅速对症下药，而不是按照常规出牌所导致的延误救助的最后时机和社会混乱的后果；反面效果是打破了常规出牌的做法会引起普通纳税人暂时的担忧，如果事前信息不足就贸然采取行为，那么反而比采取保守行动所付出的政治代价更大（比如立刻就被赶下台的压力），但是，大危机中随机应变的能力对减少大规模的损失起着至关重要的作用。如果日本国民在平时危机的训练中就认为危机手册非常全面的话，那么，就更会加剧意想不到的冲击所带来的自信的丧失和政府应对危机能力瘫痪所导致的社会混乱局面。在这次日本地震中，很多人是按照防震手册上的要求立刻躲在桌子底下，却忽略了随之而来的大海啸所产生的毁灭性的巨大风险。

虽然，事后做出超常规性的应对措施在生理上可能就是一个突破极限的挑战，因为人们在重大灾难面前的惊慌程度往往会失去正常的反应能力，而且，平时按照手册训练的应急方法是大危机中人们最最依赖的"救命稻草"，但是，如果此时能够稳定心态，甚至逆向思维，那么，结果很可能就会截然不同。为此，最后，我想从这个角度，利用自己多年在日本学习和工作的经验，来谈一下这次东日本大地震可能对中国造成的影响。

由于中国是日本最大的出口国，而欧美国家和一些新兴市场又是中国产品出口的主要市场，所以，日本的缺位会让外部市场对中国的最终产品供应能力的判断受到牵连，于是，世界最大制造基地的萎缩可能会在短时间内打压大宗商品价格，甚至可能会延长这一轮全球经济复苏的步伐。但是，从中长期来看，源于日本的影响就会被韩国和欧洲的制造商、乃至中国自己的成长性企业的崛起所冲销。尽管如此，我还是认为，中长期来看，对世界的影响主要是来自于金融领域。短期内，关联保险公司股价的破位和后来可能发生的倒闭现象，会再次引起市场的恐慌。但是毕竟这一次保险市场的派生风险已经不再处于2008年前金融创新滥用的那个时代，保险市场的震荡不会波及所有的金融行业。另外，由于日本低息政策的长期化（如果日本经济受地震影响持续恶化）和财政赤字的持续膨胀（如果日本经济靠日本民主党花大代价投入而得到了挽救），日元流动性的泛滥和日元的日益贬值可能会对其他国家，尤其是对包括中国在内的这种相对高利息和本币升值压力存在的新兴市场国家，造成持续的通胀、资产泡沫和货币升值的压力。

总之，今天最大的不确定性是我们对日本核电站发生最坏情况的可能性和由此带来的危害程度了解不足，而且，事后对可能波及中国社会的路径有哪些也研究得不够，所以，今后在加快挖掘相关信息的同时，还要考虑：我们社会上下在小概率事件面前，如何能够做到打破习惯思维，练就齐心协力、随机应变的危机管理能力？

2013 年中国宏观经济政策会有哪些新变化？[①]

2012 年年末的中央经济工作会议在对 2013 年国内外经济形势依然错综复杂的研判下提出了"宽财政、稳货币"的调控战略。这一政策组合与今天发达国家的政策选择刚好之"互补"。经济学经常会分析,这样的调控政策到底会是政府主动而为,以达到事先设立的支持财政扩张、稳定增长的目标,还是政府重新尊重市场发展的"内生"规律,着力确保央行货币政策中"稳物价"的独立性,从而使未来价格的变化能正确反映市场的供求关系？因此,我感到 2013 年中国的政策组合应该是后者,即提高价格在资源配置中的积极作用,而不是牺牲效率去追求发展。否则,2013 年在发达国家不断超发货币的复杂环境中,可能因为我国地方政府再次出现投资"错位"和"越位"的行为,从而使目前中国经济存在的实体经济部门"钱荒"、虚拟经济部门"钱多"并存的问题变得更加严重。

这是因为:一方面,欧美国家创新驱动的新一轮增长方式,短时间内还难以形成,他们着眼点还是放在摆脱失业、债务和负资产状态的目标上,所以,现在投放的大量货币主要是用于支撑财政减税、降低融资成本和债务负担、增强资本市场价格修复所需的流动性,根本不能保证大量资金能流进实体经济——以支持对未来充满信心的企业所投入的创新类资本,于是,在现有的国际分工的格局下,投放出来的大量资金没有被政府所期待的实体经济部门吸收,反而大量流向稀缺资源市场,追求价格暴涨带来的财富效应。这里的前提条件是,

---

[①]　本文首次发表于 2012 年 12 月 30 日。

在新兴市场国家,政府可能是拉动投资的主体,正是政府这种不计成本的"刚需"投资,恰恰会助长全球金融资本"搭"中国经济增长的便车进行投机套利;而市场经济主体在全球有效需求严重不足的环境下,因为承受不了这样的高成本负担,会渐渐退出它们擅长的实业舞台,甚至少数企业家也会加入到他们根本不专业的"以钱养钱"这种高风险、快节奏的赚钱行列中。

另一方面,全球金融资本非常觊觎新兴市场国家的投资机会。理由在于三点:一是像中国这样的新兴市场国家储蓄多,追求财富的动机旺盛,但在危机时期投资渠道却偏少,所以很容易形成集中投资,催生泡沫,这是外来投机资本获利的绝佳环境。二是监管不足或监管过度,使得政府往往会在短期内主动进行纠偏,这就很容易让投机资本顺势而为,渔翁得利,从而造成"一抓就死、一放就乱"的格局。三是新兴市场国家投资者的损失会引起政府的同情,并通过救助来获取社会的稳定。这也是海外游资套利的一个很大原因。未来,如果我们还像以往那样放任外汇占款,就会造成通胀和资产泡沫;而通过提高存款准备金率和加大央票发行的力度等数量型对冲外汇占款的方法,就会催生灰色高利贷市场的膨胀,反而无法起到原先抑制游资流入的目的。尽管目前在美国"财政悬崖""欧债危机""中国增长减速"等负面叠加效应凸显,避险情绪笼罩全球金融市场,美国债市的泡沫暂时承担了今天全球流动性泛滥的风险。但是,明年一旦不确定的局势明朗后,外汇占款的问题又将挑战中国为达到"稳货币"目标而采取的被动应对方式。

除此之外,中国自身让货币飞速增长的内在因素也不少:比如,地方政府大量举债投资,一旦债务遏制了银行的流动性,那么,政府最终还是会大量投放货币以确保银行体系的稳定性。另外,政府降低企业税负和改善民生所增加的财政开支无法通过社会资金的参与来实现,那么,很有可能要依赖基础货币的投放来实现。于是,中国 M2/GDP 的比例将会不断扩大,这非但不代表我们金融深化的程度,反而是中国潜在的未来流动性泛滥程度的一个真实反映。再者,如果 2013 年启动的城镇化进程还伴随着中西部基础设施和房地产市场的投资规模的膨胀，那么，由此带来的金融体系流动性恶化的格局也会逼迫央行只能采取积极的货币政策以"配合"地方政府的投资冲动。结果，因为人民币不是国际货币，无法提升对外的国际竞争力，反而造成国内通胀现象更为严重。这一点国际货币美元、欧元和日元的状况和人民币有本质的不同：它们的泛滥并不一定就马上会与国内的通胀和资产泡沫联系在一起，而是先给其他国家，尤其是像中国这样的新兴市场国家增添巨大的麻烦。

综上所述，2013 年中国政府想要实现"稳货币"的状态，就必须强化我国金融体系资源配置的能力，有效地将过度集中在房地产市场的资金引导到具有稳定收益增长的实体经济部门中，而不是过度依赖基础货币的投放来支撑城镇化的进程。而且，金融为实体经济服务的能量与实体经济部门的盈利能力是正向互动的，如果我们的金融服务能力不到位，城镇化的建设等过度依赖货币政策的支持，那么，它不仅不能增强企业的盈利能力，反而因为资源价格上涨、通胀预期强化、资产泡沫严重等"宽货币"的不良后果，使得企业在实体经济部门的投资收益不断恶化，"钱荒"和"钱流"并存的问题也更加无法得到有效的解决。

不过"宽财政"的做法，如果能聚焦在给企业减税和改善民生的公共投资上，而资金的来源是来自于政府有效地发挥了金融市场配置资源的功能，把虚拟经济集中的"钱多"而造成的泛滥资金引导到实体经济"钱荒"的部门，那么，企业成本的下调和消费者休闲支出的增加，就会大大缓解中国经济因外需萎缩而不断下滑的风险。至于暂时造成的财政平衡的压力，也完全可以站在"跨期平滑"的视角上加以解决，即用明天经济繁荣时的税收增长来弥补今天财政收入减少的问题。不管怎样，千万不能效仿欧、美、日，用今天宽松的货币政策来平衡当前财政收支的失衡状况。

靠货币难以解决中国经济问题

怎样对付"通胀"压力?[①]

2010 年 11 月,政府出台"国 16 条",《人民日报》和国家发改委连续五天连发五文出招稳定物价,而且国务院六个督察组也将奔赴 18 个省、区、市,对各地物价上涨和各级政府管理工作状况进行深入调研和认真检查。如此急不可待地治理通胀和解决产品短缺的工作态度,一方面展示了我国政府现在对民生问题高度的敏感性和重视,同时也进一步反映出中国通胀问题的复杂性和严重性,并不是拿以前的管理方法就能够立刻起到作用,有时反而会出现适得其反的效果。梳理中国今天物价不断上涨的成因,对政府今后采取"有的放矢"的应对政策越来越显得十分必要和紧迫。

第一,中国现在物价连续上涨的主要原因之一在于投资主导的经济增长模式所带来的真实需求与节能减排的行政措施(比如拉闸限电、原油断供等限制供给增加的政策)之间发生了不可调和的冲突。比如,目前"柴油荒"现象,原因一方面是由一部分企业用柴油发电所引起的本来完全可以避免的"需求冲击"所致。消耗柴油的结果不仅没有做到政府原先所期待的"节能减排"的作用,反而让温室气体的排放变得更为严重。另外,中石化和中石油对地炼公司进行原油配给控制的做法,可能会导致市场违规操作的行为,并由此带来市场油价不断攀升的局面。这种结果不仅不能做到通过成本上升或供给控制来倒逼生产企业为减少原油和成品油的需求而进行产业升级和节能技术改造,反而将由此

---

① 本文首次发表于 2010 年 11 月 29 日。

引起的成本上升型的通胀负担转嫁到消费最终产品的社会大众身上。而另一方面,这种成本负担的加剧也更进一步削弱了企业进行节能技术改造的动力。所以,当中国社会消费能力不足,以至于根本无法去冲销企业制造绿色产品所急剧增加的额外成本时,中国企业的粗放型投资格局就很难改变,何况世界经济都处于低迷萧条的时候,想要依靠旺盛的消费活力来帮助企业转型就显得非常困难。而控制生产供资源的供给"倒逼"企业转型的行政思路,若不及时调整,今后可能会因为中国目前发展阶段所呈现出来的这种"刚性需求"而使得通胀问题变得更加棘手。

第二,政府主导的救市组合拳,比如积极的财政政策和实际上超宽松的货币政策的配套实施等,在保证经济不出现"硬着陆"问题方面发挥了重要的积极作用,但同时也带来了不可否认的后遗症:一方面,造成了部分地区投资过热,生产资源过度消费所带来的通胀压力上升的问题。另一方面,也导致了危机前曾经活跃在实体经济部门一线的"产业资本"今天因为失去了自己擅长的舞台(现在"铁公基"建设和中西部发展主要靠国企和央企的力量,而民企对欧美市场的出口规模却因金融危机而大量萎缩)而正在不断蜕化为今后催生通胀或资产泡沫的"金融资本"。而且,它们和政府大规模的注资与由此产生的金融体系强大的"信用创造"能量结合在一起,造成了不可忽视的流动性泛滥问题。只不过由于实体经济还没有出现实质性的好转趋势,再加上房地产市场日益强化的整顿措施,所以,我们并没有看到今天市场大量的流动性在股市或在楼市集中,从而形成一种以前常见的非理性繁荣的局面。但是,如果按照"物以稀为贵"的思路去探寻市场流动性的去向,我们立刻就会发现,今天数量有限的农产品、成品油市场(尤其是国际市场十分明显)正在被不计其数的金融资本所绑架,这是一种劣币驱除良币的表现。具体而言,就是泛滥成灾的货币和与此相关联的金融资产(今天成为了"劣币")不被看好,反而数量有限的、值钱的实物资产(被大家公认为"良币")被大家追捧和保存,正是这种扭曲的"财富保值"行为,也在某种程度上进一步推高了整体物价水平。

第三,"通胀预期"今天在市场价格日益上涨的趋势中不断强化,而政府管制的价格体系和银行"负利率"结构的长期化趋势(因为现在我们单边加息会加剧国外热钱的进场,而通缩严重的欧美经济步入加息通道还需要一段时间)又给我们国内套利和投机行为创造了千载难逢的"好机会"。于是以前不需要大量成品油和农产品的投资客户,也把自己的企业存款或个人存款搬离银行体系,进入这类快进快出就能赚到钱的市场中,甚至有些地区的不少投机客还能利用当地银行的贷款能力和自己能够低价(官方价)进货的特权,进行大规模的农产品和成品油的囤积与倒卖,这也加速了这类产品在国内市场(黑市)中的暴涨局面。而且,今天我们不得不看到,主要发达国家为应对本国的通缩局面而开始推行的一种定量宽松的货币政策向海外释放出了大量的热钱,它和我们国内日益增加的"游资"混在一起,造成了我国对外日益严重的本币升值和对内导致购买力不断下降的通胀压力恶化的局面。

第四,在产品的供应链上,往往出现上游资源类行业是少数国企和央企的垄断市场,虽然看上去它们并没有像现在国际金融资本绑架原油市场从而导致高价格那样去刻意"拉高"国内价格,但是,国内这种缺乏"价格向下弹性"的垄断性资源供给格局,却推高了中、下游产业的长期进货成本,导致它们失去了自己"动态平抑"国际市场价格波动的能力。于是,当国际资源类价格飙升而国家又对成品油价格和最终消费品价格实施管理的时候,就很容易出现"批零倒挂"的价格现象。当然,在这种格局下,市场很容易出现"供给短缺"的现象,因为没有哪个商家会自己掏钱来补贴客户。相反,我们看到的是,在黑市中供给却相当充足,而且这种黑市价格会随着国际价格的飙升而一路飙升。更为严重的问题是,当企业的生产成本上升时,老百姓最终的消费品价格也就自然被大大提高了。

第五,具备资源类产品进出口的特权企业,利用国内成品油生产的过剩产能和自己可以低价(官方管制价)进货的优越性,去获取被国际金融资本推高的油价和大宗商品价格与受到政府管制的国内价格之间的"价差"所带来的无风险收益。在这里,即使单从成品油价格本身来看,国际价格和国内垄断价格之间的差距扣除汇率因素以后并不十分明显,但是,考虑到国内燃油税等各种税费明显偏高的因素,内外价差的"套利"行为还是十分明显的。这样一来,就会进一步加剧国内市场资源产品短缺的现象。

第六,价格管制所导致的"批零倒挂"现象不仅无法从源头上抑制通胀加剧的局面,反而会促使更多中下游企业主动"退出"受政府管制的市场,这样就会导致相关产品在国内市场的供给能力严重萎缩,进一步加剧了由"供给不足"所带来的通胀压力。而与此同时,这类中下游企业又会将自己产业资本进入到政府价格管制不严的市场,进行监管套利,从而导致那里的需求急剧增加,由此加大由"需求过度"所形成的通胀压力。无论哪一种成因,都会在政府的价格管制中推高社会的物价水平。即使到头来政府想对所有产品和商品的价格实施更为严格的管理,但是还是因为不断上升的监管成本而导致腐败现象的加剧和黑市的猖獗。这在中国经济社会发展史上已经留下了不计其数的教训。

面对上述来自于"需求"(前三个因素)和"供给"(后三个因素)两方面对物价上升的共同推动作用,我们应该拿出怎样的应对措施?至少从目前来看,国家采取的应对措施和中国民众的期待方向产生了不容忽视的"认识差距",如果决策部门对此问题不引起高度重视,那么,政府所采取的抑制通胀的办法就会事倍功半。比如,老百姓的通胀预期强化后,就会大量囤积看涨的消费品,这种"过度需求"也会使通胀或商品短缺的现象变得越来越普遍。具体而言,政企之间、国民之间对抑制物价所应采取的有效措施没有达成"共识"的理由主要来自于三个方面:

一是"打破垄断"和"民生安全"之间的关系权衡问题。比如,无论是打破垄断还是放开贸易限制,都有利于中国要素市场的"均衡价格"机制的形成,能够避免出现价差套利的投机行为和依靠特权和垄断地位进行寻租的腐败行为。当然,我们不能否认,市场机制在形成均衡价格的时候,并不能保证可以排除金融资本绑架大宗商品和农产品市场的短期投机行为,以及由此带来的过分高企的均衡价格。尤其是和民生相关的资源,价格一旦急剧上扬,就会威胁到社会的稳定与和谐。因此,国家常常对资源类行业实行市场准入管制来防止市场出现恶性竞争或逐利性的控制供给和价格的垄断行为。但是,大众却认为自己今天没有享受到这种本来应该出于公益性要求的资源供给方式所带来的好处(国外很多发达国家直到今天还是存在很多类似的"补贴"现象),反而让他们感到上游资源类企业正是利用自己的特权和垄断地位在利用这次国家价格飙升的外部环境来谋求自己的商业利润。

二是"放松管制"和"产业政策"之间的关系权衡问题。比如,政府减税和放松管制等都是增进市场活力的重要手段。如果行政措施的结果都是在增加企业成本,那么,很有可能就会因为企业具备成本的转嫁能力而最终推高了消费品价格。当然,在市场需求没有充分饱和的情况下,即使粗放型的投资企业也有生存扩张的余地。你拉闸限电,它会抢购柴油靠自己发电来谋求眼前存在的商机。除非市场自己发展到了一个"破坏性创新"的阶段,才会出现自愿型的结构调整的冲动。这一阶段的形成除了需要供给面的技术创新有了新的突破以外,还要仰仗需求面对供给面成果的接受能力。但是,目前政府可能更多的是从供给面的角度考虑我国产业结构升级的重要性和紧迫性,这样就会忽视我国目前的发展阶段所决定的大众购买力和人力资本投资的能力,就会无视中国今天财富积累的旺盛需求(大多数中国人目前都不会像欧美社会那样铺张浪费)和投资活动创造财富的动力。于是,如何克服成本上升、财富下降的高昂代价下企业产业升级和结构转型的动力不足问题,是今后国家在制定具有前瞻性发展的产业政策时所不能忽视的因素。

三是政府"加息让利"和国际资本"搭便车"问题之间的利弊权衡问题。比如,在通胀高企的情况下,人们普遍认为,应该通过及时的加息手段来减少国民财富(尤其是大多数贫困群体的财富)的损失。也有很多民营企业家认为,应该通过"政府让利"的方式(比如减税)来缓解企业高成本负担所带来的竞争力下滑的问题。但是,政府决策部门担心今天在内外形势十分复杂的情况下,加息实际上承担了美欧国家定量宽松货币政策给世界经济所造成的市场风险乃至第二次探底的经济风险。因为热钱过多地流入会催生本币升值、通胀加剧和资产泡沫,从而导致国内产业空心化,金融泡沫化的"日本病"特征,于是,外部一旦发生逆转的局势,比如美国加息,比如地缘争端爆发,就很有可能突然之间导致这些热钱大举离去,今天人民币国际化和经常账户下本币与外币自由兑换的深度,和加入WTO之前的状况相比,已经发生了质的变化,已经很大程度上打开了热钱自由进出中国内地的通道。所以,加息不仅不会减少负利率现象,反而会因为流动性进一步泛滥而导致物价更大力度地上扬。而如果让利给出口为主的国内企业,国家又担心会惹来贸易摩擦的麻烦,甚至在与外商价格谈判的时候,也让别人利用自己的定价能力来搭中国政府"补贴"的便车。

为此,我想提几点抑制通胀的政策建议,虽然已经考虑了上述多重因素,但是,还是需要进行进一步的科学论证,有的措施还需要其他完善的配套措施一起实施才行。毫无疑问,走到今天这一步,仅靠紧缩的货币政策是远远不够的,它是一个复杂的系统工程,需要决策部门找到一个组合拳的平衡点和政策导入的最佳时机与合理的实施力度。这些政策措施主要由以下几个方面构成:

第一,差异性地推行结构转型的产业政策,替代现在对所有企业一刀切的行政管制措施,采取企业自愿和政府扶持相结合的方式,去控制节能减排的目标。从不增加企业额外负担的前提条件出发,可以先让国有大型企业和央企进行节能减排的技术改造和碳排放权合理交易模式的探索。民营企业在政府有效的扶持下和过往成功经验的指导下来逐步完成碳排放的任务。但有一点我们应该清楚:只有实体经济出现了新一轮的增长,市场活力才会发生实质性的好转,到那时,不管是中国的通胀压力问题还是美国的通缩问题,都可能会迎刃而解。

第二,努力确保供给渠道,并及时动用战略储备增加对市场的供给,并打击金融资本绑架资源类商品的投机行为,通过有效的价格控制来缓解人们对通胀的预期强化问题。对于最近由于美元主导的国际货币体系的动荡所引起的大宗商品和农产品价格的暴涨,一方面应该呼吁国际监管部门和相关国家监管部门及时进行调查,并对发现的投机行为实施严厉的制裁;另一方面,还是需要控制货币和银行信用创造的规模,但同时要鼓励银行提高金融资源配置的效率,增强中国市场自身的造血功能和由此形成的经济可持续发展所需要的健康活力。

第三,要通过大力的政策扶持和税收制度的引导,鼓励民营资本进入企业创新的融资平台中。对其中不顾风险肩负社会责任的慈善行为,要从物质和精神上给予充分的支持。这样做的好处是:一方面通过技术创新和规模与范围的经济性来降低新产品成本和"替代"处于垄断地位或投机状态的高价格的商品;另一方面,通过这种疏导产业资本回归实体经济舞台的方式,能够降低中国市场流动性泛滥的问题,能够提高有效打击国外热钱流入的投机行为。

第四,上游资源类垄断企业要对价格形成机制负有向公众说明的义务,要接受代表群众利益的"第三方"的客观监督。原则上要反映出市场价格波动的趋势,但波动造成的影响可以通过事前的价格"平滑"管理原则(双向而不能单边调整)或事后有针对性的损失"补贴"措施(尤其是国家扶持的产业和对民生举足轻重的产业)来加以缓解。

第五,对资源类产品的进出口要设定一个"价差"开关。当内外价差低于某个临界值时,就要限制其出口而保证国内的供给,以免因为放任资源类产品的无限制的逐利行为而影响到中国社会的民生。当然,我们在制定临界值的时候,还是要强调汇率、税收调整后的相对价格水平。

第六,对民生相关的资源类行业,在条件成熟的时候,一方面应该在整个产业链的环节上强化自由竞争的格局,另一方面也应该请所有从事这一行业的企业加入一种"安全保险",防治逐利型的主动退出行为。一旦供给冲击导致企业资不抵债的时候,经第三方专业机构确认后,可以动用这笔保险金来渡过难关,以保证市场稳定的供给能力。

最后,在本文收尾的时候,我还想特别指出的是:政府需要重视金融体系在管好百姓财富中所发挥的作用,它有时甚至比以涨工资来促进民富还要有效。因为在中国目前的发展阶段,大多数的中国百姓都属于中低收入者,新增收入的使用方法一定能够反映出储蓄偏好大于消费偏好,所以,涨工资不一定能看到显著的消费额的增长(即资金不一定进入到实体经济部门),但是它会更多地进入到金融财富积累的过程中,从而导致银行存贷量的放大和金融市场资金规模的增加。若中国金融体系还不走向"成熟",而今天决策部门又放任由此可能产生的越来越严重的通胀或泡沫问题,那么,中国百姓正在积累的消费能力即使到了未来也可能会化为乌有,从而无法产生我们所期待的"内需"推动经济增长的力量。

不要夸大"减持美债"的意义①

2010 年 8 月以来,中国外汇储备的增速开始放缓,但是规模依然在增大,第二季度增长了 811 亿美元。按理说,在危机时代,美元的霸权地位会让人们更

---

① 文首次发表于 2010 年 8 月 20 日。

愿意用"避险"能力"独一无二"的美元进行结算,而盈余的美元头寸更会去主动持有美国国债来规避市场风险。可最近引起全球关注的现象是,除了欧债问题严重、重创国际金融市场资产价格的 2010 年 3、4 月份以外,世界最大的外汇储备国和美国国债的持有国——中国在明显地推进"减持美国国债"的战略,继 5 月份较大幅度减持 325 亿美元的美国国债之后,6 月份中国再度减持 240 亿美元的美国国债。于是,海内外媒体对这一"反常"现象进行了大量深度的报道,有些甚至到了"危言耸听"的地步。比如有报道认为,美元主导的货币体系已经开始"土崩瓦解",中国政府的减持也是对此担忧的一种表现;还有报道认为,减持美国国债是对美国最近在中国周边军事挑衅行为的一种有力的回应措施;等等。我个人认为,减持美国国债现象是反映了我国政府提高庞大的外汇储备使用效率的一种具体表现,而不是像某些人所说的是"货币战争"的表现。如果是想通过"货币战争"来遏制美元提升人民币的地位,那么为什么不在美元贬值压力最大、利率调整最低而大家调整外储结构呼声最高的 2009 年去实施,而要放到现在经济相对稳定的时候来进行? 我想主要还是出于以下几个目的的考虑,而且,即使走样,也要掌握"度"和"时机"的选择。

一、外汇资产的"流动性"是保持中国币值稳定的关键所在

中国经济的比较优势在于"东亚模式"式的"制造业立国"方针(背后具备人力、管理、勤奋劳动的价值观等优势),而比较劣势也和"东亚模式"一样,在于国内消费市场的疲软(背后凸显出金融体系脆弱性、社会保障制度的缺陷等问题以及勤俭节约的价值观约束),所以,保持相对稳定的汇率水平是符合中国国情的一种制度安排。以前在中国加入 WTO 之前,我们可以通过资本管理来维护这一制度,不让投机资金利用中国金融的开放市场来上演一场和东亚危机一样的"投机攻击",最终破坏本国货币体系和金融体系的"玩火游戏"。但是,在美

国引发的金融大海啸之后，中国对自己"管理财富"能力的缺失进行了深度的反省，并进而开始推进"人民币国际化"的大国战略；而且，国际贸易金融保护主义势力也逐渐抬头，要求中国政府对外开放自己的资本市场（金融服务业）。于是，在较为开放的市场环境下，保持固定汇率制度将是一个非常困难而又危险的事情，而渐渐让汇率富有弹性又可控，就需要我们的外汇储备资产具有较高的流动性，一旦炒家大量抛售人民币及人民币资产，那么，中国方面就要逆势而行，用我们外汇的"流动性"优势和资金规模去购买人民币资产、抗衡国际投机势力的冲击。

可是，如果我们中国政府持有的是缺乏流动性的外汇资产，就像我们银行持有抵押产品来控制违约风险一样，但一旦房价大跌，所有抵押品都失去了"变现"的能力，那么，我们只好眼巴巴地看着人民币资产价值大幅缩水，社会财富被"洗劫一空"。所以，今天中国政府判断美国经济的复苏还需要较长的时间，美国国债价格还处于"高位"状态，而中国推动市场开放的时间表经受不起美国经济这样"拖泥带水"的僵持状况，于是，作为美国国债"最大庄家"的中国，在本国金融市场不断对外开放的环境下，未来可能面临的是外汇资产的"流动性风险"（没有人愿意出个好价格来买中国的国债），而不是依靠美债来规避全球金融市场价格暴跌的"市场风险"。为此，选择这一"时机"分散投资（比如，买日债、欧债等）来增强我们外汇资产的"流动性"以保持人民币币值相对的稳定，是一种明智的选择。

尽管如此，我们也不能认为这种"减持美国国债"的做法就是万无一失的，就可以放松全球对美国金融机构所采取的统一协调的监管力度；相反，我们更加不能掉以轻心，一旦欧美金融市场出现严重的"二次探底"的大波动，全球金融资产价格再次像雷曼兄弟事件爆发时那样"暴跌"，那么，这种"系统风险"会阻碍我们持有的任何其他金融资产的"流动性"功能的发挥，而且，那时即使出于"保值"目的再回到美国国债市场，也会因为避险资金推高"美债"价格而让我们付出巨大的成本。另外,我们也要密切关注在中国减持美国国债的同时,美联储却在购买美国国债,虽然这是出于美国自身利益的考虑,但是,它会造成我们的存量美元资产的"价值"受到不可小觑的负面影响。

总之,分散投资有利于规避"非系统性风险"(如美元贬值和美国降息等)给我们带来的流动性问题,而无法抗拒"系统性风险"(如欧美金融市场"二次探底")所造成的麻烦——甚至因为我们的分散投资战略而给我们带来更大的麻烦。要改变这一格局,就意味着要改变"美元"主导的国际货币体系,从这个意义上讲,"人民币国际化"确实是一种非常理想的提升我们管理财富能力的战略。但是,要达到这一完美的目标,不可能一蹴而就,而且欲速则不达,千万不要因为规避外汇储备的流动性风险而打乱了我们按部就班的改革开放步骤,从而导致我们像日本和东亚那样,不仅还没有来得及实现"本币国际化"的目标,就已经让自己陷入了金融危机的状态之中。

二、外汇储备的"收益性"追求也是在补偿我们转型阶段不得不付出的代价

因为美国国债市场是全球避险资金最愿去的地方,相对其他金融资产而言,它提供的是流动性(现在这种能力也因为美国金融体系的不稳定而在下降)而不是"高收益"(我们购买美国国债的成本是非常昂贵的),所以,如果中国今天处于一个长期稳定的发展阶段,爆发国际资本投机的因素和概率都比较小,那么,我们就没有必要把我们庞大的外汇资产都放在以流动性特色为主的美国国债市场,而适当地去投资一些包括美国金融资产在内的其他金融资产来获得较高的收益也是必要的。它有以下几方面的好处:

首先是我们今天的财富没有急于转变成我们生活质量和工作质量改善的物质财富和无形价值财富,是因为我们的经济还在"转型"过程中,由于人均收

入较低,社会保障体系尚不健全,再加上消费环境的改善还不到位,所以,我们整体的经济结构是一个高储蓄的状态,贸易顺差的扩大也是这一阶段的具体表现(今年二季度与首季度相比,经常项目顺差较首季度的 537 亿美元有所增加,增幅达到 31%;但资本和金融项目不同于"反映购买力"的经常项目顺差——它不仅取决于经济增长的基本面变化,而且更取决于汇率和利率等有关收益变化的价格指标,因此,二季度顺差减幅明显,较首季度的 424 亿美元减少了 309 亿美元或 72.8%),即使此时用汇率升值和进出口退税降低的做法,也很难改变贸易顺差的格局。而这种高顺差和高储蓄状态不等于我们"钱太多"和中国人"不愿消费",相反,一旦我们转型完成,我们就要把以前的暂时性的"忍耐和牺牲"都转变成和欧美一样的生活质量和工作质量改善所需要的"消费状态",到那个时候,因为我们外储资产的价值缩水而使我们"出借"的购买力没有"连本带息"地偿还过来,看上去贸易顺差的问题得到了解决,但中国老百姓为世界作出这种"贡献"是不合理,也是不公平的。最近,中国持有日元国债的战略也是因为近期日元债券价格"低估"、投资收益较高的特征适合我们对"合理收益"目标的追求。

其次,我们追求收益也是让欧美借贷我们的资金时感到它的"珍贵性",不能拼命索取中国穷人的财富。今天有一个怪现象值得我们好好反思,也就是来华投资的欧美机构和企业的融资成本比起它们在华投资的高收益而言要小得多,而大量的低成本资金又是中国巨额外汇储备不计购买成本、不计投资收益,追求美国"安全金融资产"的行为所带来的后果。从这个意义上讲,我们开始追求收益性的外汇储备管理方法也在一定程度上增加了欧美投资者的融资成本,从而抑制了"美国商务"这种"套利"中国增长机会的投资和投机行为。

当然,我们也不能夸大这样追求收益的做法对改观中国外汇储备运作的低效率的作用。因为,我们现在最缺乏的是了解国际金融市场的高端人才,缺乏的是控制风险、发现商机的经验,缺乏的是后台有效监管的机制和科学的预警指标,缺乏的是权力和义务的考核和问责制,所以,如果投资不当,不仅不能做到像流动性效果所带来的最低保值作用,而且会让我们用辛勤的汗水打拼下来的宝贵财富"瞬间消失"。因此,切不可轻举妄动。

三、外储结构的改变要为中国经济的可持续发展贡献力量

今天我们减持一些外汇储备,让其能在换回国际最先端的技术、中国可持续增长和战略性资源储备所需的价格稳定的大宗商品供货机制的建设,以及在提升中国企业国际竞争力所需的海外并购战略方面发挥应有的积极作用。笔者认为,如果坚持美债用于这些方面的"消费"和"投资"适合于中国的国情和目前所处的转型阶段,那么如何让海内外人士都能意识到中国经济的增长和中国开放度的提高一定会给大家带来双赢的效果呢? 这需要我们拿出科学论证的依据和对未来发展格局的清晰的逻辑性推理来加以"说服"。否则,以企业国有特征为"政治壁垒",以产品的卫生标准为"绿色壁垒",以非市场地位国家的低价格销售为"准入壁垒",就会大大地扼制我们上述这些战略的转变及其效果。

另外,我们也注意到,最近减持美国国债,增加了我们对世界经济作出贡献的"援助"力度,比如,我们最近购买了希腊和西班牙国债,在它们最需要流动性保卫自己家园的时候,中国政府伸出了援助之手。又比如,我们一如既往地支援非洲的经济建设。虽然这样做暂时没有任何的经济效益,但是将来它不仅会给中国投资和消费营造一个良好的外部环境,而且,现在它也在促进中国和其他国家与地区的合作关系和战略同盟关系。

当然,援助也要注意分寸,时过境迁后反目为仇的国际案例并不少见,关键还是要把握好权力和义务的"匹配关系",即使在国际援助事务上我们也要保持这样的思维方式,更何况中国自己的人均收入还非常低,国内因改革而需要用

钱的地方已经变得越来越多。

四、外储的结构调整也是中国探索在国际舞台上提高"话语权"的表现

当然，我们不能否认，今天中国外汇储备的结构调整对中国政府在国际组织首脑高峰论坛中的话语权有提升作用。随着中国在 IMF 和世界银行中的地位越来越高，中国对世界援助的出资比例也在日益上升，但是，今天和以往不同的是，我们的意见会形成一个较为强大的"中国声音"——尽管美国在其中还是具有"一票否决制"，可是我们捍卫发展中国家利益（也是中国自己的利益）的举动会改变欧美国家追求自身发达国家利益的格局。另外，我们在 G20 峰会上不卑不亢的态度也是来自于世界有目共睹的中国"经济实力"的表现。而外汇储备规模则是其中一个重要的实力指标。中国外汇储备结构的改变也会影响其他国家、尤其是新兴市场国家的跟进和支持，从而形成强大的国际合作力量。

比如，周小川行长提出的"超主权储备货币"的构想，虽然在运作层面有诸多的技术问题，但是，中国随后"增资"国际组织的一揽子货币的资金池行为（二季度在国际货币基金组织的储备头寸增 9 亿美元），也影响了其他国家对强化国际货币体系的健康机制的要求。

不管怎样说，我不同意中国减持美国国债是为了撼动美元霸权地位这一"货币战争"的价值观，现在世界的经济复苏和经济发展更需要一个稳定的"货币锚"（信用体系）来加以支撑（黄金支撑的时代已经一去不复返），在没有当前可替代的国际货币体系的情况下，即使出于中国自己"货币主导权"和"经济话语权"的考量，也要注意韬光养晦——虽然我们可能具备一部分学者论所证的改变现有货币体系的能力，但是目前很可能出现"两败俱伤"的后果，会让我们

付出更惨重的代价。为此,先做强自己,保证自己不受欺负才是我们当下的第一原则;而坐稳"太师椅",领军世界,则是我们健康发展后自然形成的"结果",千万不要把"客观结果"误解成我们发展的"主观动力"和努力的目标。

这次出资我们为何不学美国?[①]

央行 2012 年 6 月 19 日晚间宣布,中国支持并决定参与国际货币基金组织的(以下简称 IMF)增资,数额为 430 亿美元。而号称世界第一大国的美国却没有任何行动。那么,中国政府为什么以这样的方式、这样的规模参与到国际救助机制的阵营中,这可能是大家都想了解的问题。我归纳了一下,主要的动机来自于以下三点:

首先,中国和欧元区有着千丝万缕的联系,从政府层面上而言,我们外汇储备的多元化结构离不开欧元资产,如果欧元因受到这次欧债危机的巨大冲击而大幅贬值的话(往往会伴随恶性通胀的发生),将严重影响我们刚刚开始的储备资产优化的战略。另外,与美国相比,欧洲对我们的官方资本和国有企业没有太多歧视性的保护主义做法,所以,我们能够较好地利用储备资金和国家管理的比较优势来获取欧洲发达国家的技术和资源,以弥补我们自身的缺陷。从企业层面而言,欧洲有很多跨国企业来华投资,解决了我们的就业问题、培养了一批现代化管理的团队,也让我们学到了不少先进的技术,尤其在经济繁荣的时候给我们带来了政府税收。现在,在人民币升值和大宗商品涨价的推动下,中

---

① 本文首次发表于 2012 年 6 月 20 日。

国企业也来到了欧洲寻找新的发展商机,所以,欧洲经济的稳定也成了我们企业"走出去"的必要条件之一。从 2005 年开始,欧洲成为我们第一大贸易伙伴,尽管现在我们正在努力地调整增长方式,但是,欧洲市场若能确保开放繁荣的状态,绝对会为我们赢得调整增长方式所需要的宝贵时间!当然,这几年中国积极的财政政策和不断开放的国内市场也给欧洲企业和商品开创了广泛的市场。再从消费者层面而言,中国今天日益增长的中产阶层,他们的很多消费偏好恰恰是欧洲企业的比较优势。今后,欧元的适度贬值会更加促进中国这群消费力量被欧洲奢侈品、时尚品和异国的服务情调所吸引,也会吸引年轻人去历史悠久的欧洲留学深造。所以,这次在影响欧洲危机局势变化的关键时刻,中国大力注资也是为了能维护中国与欧洲这些年来所建立起来的良好经贸往来关系。否则,欧洲经济一旦瘫痪,受到最大影响的是中国,而不是美国。

其次,中国选择注资 IMF 的救助方式,也是中国经济自身发展和壮大的需要。众所周知,IMF 融资方式是一个面向多国集资的方式,而且这次注资的时机正好是 IMF 开始进入份额制改革的阶段,中国以大笔的投入,向世界释放了一个重要的信息,那就是在新的份额框架中一定要更多地提升以中国为代表的新兴市场国家的地位,因为这些年来在世界经济的企稳和解除发达国家流动性恐慌问题上,中国等新兴市场国家发挥了功不可没的积极作用,所以,理所当然要提高它们的话语权,尽管现在只涉及份额环节,但今后 IMF 的资金池很有可能和国际货币体系的改革深度挂钩,也就是当 IMF 所拥有的特别提款权制度(SDR)成为一种新形式下的储备资产计价单位时,其价值就不再受美元波动的影响,相反,中国人民币价值的话语权就会大大增加。不能排除将来有一天,如果中国人民币的清算体系被世界所接受,它的功能还会从准储备资产地位衍生到最为重要的作为清算目的的国际货币上。所以,从这个意义上讲,今天的注资一方面可以看成我们储备资产多元化的一个选择,另一方面也可以看成中国政府未雨绸缪,把注资当作一次参与国际货币体系改革的难得机会。

最后,中国这次大力注资体现了中国作为一个负责任的大国,参与到摆脱金融危机的国际事务中,以这种方式把我们改革开放 30 多年来通过自己的勤劳所得到的"全球化红利",为了世界经济的繁荣发展而贡献出来。当然,我们还是一个发展中国家,怎样把有限的资金用到最需要的地方,从而发挥它最大的功能,也是这次选择这种援助方式的根据所在。

众所周知,现在救助欧洲的方式有以下几种:一是通过 IMF 渠道注资,这种方式相当于在一个国家金融危机时央行出来发挥它"最后贷款人"的作用,不到万不得已的时候,绝对不会轻易地向金融体系或市场注资,因为这种不问原因的救助方式很容易引起当事人的道德风险行为,根本不能杜绝今后再发生类似的金融危机。所以,从这个意义上讲,我们这次的注资方式是最谨慎的,而实际投入多少还要看主权债务国家和问题机构是否符合满足救助的条件。二是这次欧盟和欧洲央行临时启动的救助方式——欧洲金融稳定设施(EFSF),即由欧元区成员国出资形成一个小的欧洲版 IMF 来充当"最后贷款人",因为这个组织都有一个共同的利益链,就是维护欧元区稳定,所以不能保证它的救助方式是最公平的。中国没有大力参与到这个欧洲版 IMF 中,也是担心信息不对称会给我们第三方造成影响。而相对而言,IMF 注资方式在欧元区问题上要显得中立多了。三是欧洲金融稳定机制(EFSM),主要由欧盟财政作抵押,但救助金额相对较小,可能也更严格。后两个机制因为是在没有法律授权的情况下应急而生的,所以,今后得到法律批准的救助机制叫欧洲稳定机制(ESM),它的使用方式和条件将更趋于规范和稳定,不仅能解决流动性短缺的问题,还能帮助问题国家进行结构调整。不管怎样,他们多数是以欧元计价,所以,若欧洲央行参与购买这些资产(比如欧洲央行启动 LTRO 计划),那很有可能就会稀释债权人的资产,如果中国是利益的第三方,那么,就可能会承担比欧洲债权国更多的风险。第四种救助方式就是双边援助方式,比如我们直接去购买希腊和西班牙等国发行的债券,显然这种援助在没有附加条件和约束力的情况下,作为债权国中国承担的风险要比上述两种方式更大、更复杂。

总之,这次选择 IMF 大力注资的方式,既体现了中国政府的人文关怀(大国责任),同时对国内纳税人而言也是一种较为负责任的安全出资方式。

当下明智的做法就是"以不变应万变"①

2011 年 10 月,温家宝总理要求大家要正确认识当前经济形势,准确判断经济走势,把握好宏观调控的方向、力度和节奏,更加注重政策的针对性、灵活性和前瞻性,以适应形势的变化。周小川行长也在回答媒体的采访时阐述了货币政策的未来基调,即在降低通胀问题上需要考虑它的时滞效应,不存在立刻就能降低通胀的政策,而且必须同时考虑国内外形势,当前许多不稳定、不确定因素都还存在。那么,如何来理解他们共同强调的"错综复杂的形势"及其对中国现有的宏观调控政策所带来的影响? 我想结合最近自己在国内外所做的调研和相关的研究成果谈一些看法。

首先,欧美国家的经济低迷正在迫使他们不得不采取更为宽松的货币政策来应对债务危机和高失业的问题,于是,短期内如果实体经济部门无法吸收货币政策释放出来的大量流动性,那么,新增的流动性就会和这些年来各国政府积极救市后所出现的资产泡沫复活后的流动性一起,更加推高生产和消费所需要的大宗商品和农产品的价格,从而对制造业国家造成更为严峻的成本推动型的通胀压力。为此,中国单方面放松货币政策,可能对抑制通胀产生适得其反

① 本文首次发表于 2011 年 10 月 28 日。

的效果。

其次，中国经济从 2008 年后开始在沿海城市陆续出现了民间产业资本因无法承受生产资料价格的上涨，人民币大幅升值的压力，劳动力成本增加的负担以及欧美市场萎缩的影响，而不得不进入到了利用高杠杆进行"以钱养钱"业务的虚拟经济部门。但是，紧缩的货币政策非但没有抑制这种产业资本"空心化"的现象，反而让银行的信贷更加远离企业的贷款（即实体经济部门"钱荒"问题），更加催生了灰色金融体系的虚假繁荣（即虚拟经济渠道"钱流"问题）。所以，从这个意义上讲，目前欧美"放水"、我们"接水"的紧缩货币政策模式副作用会很大。

最后，虚拟经济渠道资金的"大进大出"给产业结构升级所需要的资金供给和"灵活性、针对性"战略要求下的货币政策的实施带来了巨大的麻烦。股市因货币政策的变动和未来预期的不稳定而大幅跳水，大宗商品价格也会因此变得有时过度亢奋而有时又过度悲哀，所有这一切的波动都会给实体经济部门所需要的稳定的投融资计划造成前所未有的挑战。同时，中国是以银行为主导的金融体系，而且国家对银行业务的干预程度又很高，所以，银行业"一抓就死，一放就乱"的格局，严重影响了央行实现货币政策目标的有效传导机制，也影响了社会大众对央行货币政策有效性的认可度，这也在一定程度上说明了今天为何央行和市场的博弈会大大增加央行宏观调控政策的成本。

所以，针对上述错综复杂的经济格局，我们认为，央行的货币政策应该走向中性，以不变应万变。无论是单一盯住通胀目标还是多目标的相机抉择的做法，都应该清楚地认识到，在全球化的环境下和中国金融开放度提高的背景下，积极的货币干预政策效果十分有限，甚至会带来得不偿失的结果。而解决目前流动性泛滥和通胀压力的问题要靠对实体经济的扶持来推动。具体政策含义及其应对方式主要体现以下两大方面：

第一，多元化的产业结构符合中国现阶段的发展状况和需求，高附加价值的产业升级和结构调整是我们中国经济未来发展的必然趋势，但是，当中国经济目前人才和资金以及金融体系的成熟度还相对匮乏的时候，全国各地都搞同样的新型战略产业的发展规划可能会占用资源、形成低端同质化生产的恶性竞争。反而在传统行业，通过这些年来的学习和磨炼，附加价值实际上已有了可观的提高，但却遭到地方政府政策的歧视。因此，应该给所有的生产性企业，尤其是民营企业降低税负、物流成本并给它们提供公平的竞争环境，让产业资本重新站上经济发展的大舞台。尤其是目前在成本推动型的通胀压力下，阻止产业资本走向金融资本的途径，就更显得必要和紧迫。对中小企业的要求不能超越他们的能力，否则挂羊头卖狗肉的问题又会出现；当然，如果决策层下定决心不再让中小企业再做他们擅长的"三高一低"行业，那么，就应该要保护民营资本、让它们阳光化，进入完善的金融体系，以此来扶持中国年轻的、富有创业精神却没有资本底气的"乔布斯"们，从而最大限度地发挥他们所拥有的、在危机时代尤其需要的企业家精神。

第二，我们要警惕目前金融资本快速膨胀、从而导致产业资本也集中往上游转移的现象。这表现在今天不少企业和机构的盈利方式已凸显出囤积涨价幅度大的"商品"，盈利模式也变成"以价补量"的格局。为此，在政府部门的支持和协助下，一定要强化专业型和市场型的监管方式，及时释放金融投机属性所积累的价格膨胀的风险。否则，金融资本必将挤出产业资本，造成最严重的经济滞胀的后果。另外，今天制造业"上游"的"服务业"结构过于庞大，垄断属性也非常强烈，而企业税负又没有明显的下调，再加上危机年代"性价比"成为企业生存非常关键的因素之一，这些负面因素就会导致处于下游的制造业根本无法支撑日渐攀升的生产成本。为此，我们要规范财政投资的项目运营方式，严防产业垄断资本和金融投机资本结合在一起牟利的不良现象，严厉打击企业"以价补量"盈利模式中所凸显出来的寻租腐败的行为。

"连续加息"的逻辑何在?[①]

2011年2月以来,内外市场都在关注和揣摩中国央行是否进入了加息通道。

第一,从学理上讲,连续加息会增强市场对资金成本上升的预期,从而会减少长期贷款的需求,进而影响到企业整体的投资规模。显然,从"投资渠道"上看因为未来需求的减少,工业生产的原材料价格会降低,所以,成本推动型的通胀水平就会大大缓解,由此就会对现在的通胀预期产生积极的抑制作用。

第二,消费信用的膨胀也会随着未来利率的不断攀升而收缩,提前还贷的动机强化就会使得市场资金回流到银行体系,减少了外部信用膨胀而引发的过度消费的问题,比如,房贷需求和由此带动的住房消费就会明显下降,这样"消费渠道"带来的通胀压力也会减轻,这也会进一步遏制通胀预期的强化。

第三,加息对市场来说往往会对加息所在国的货币升值带来预期,从而其外汇占款的压力反而变得越来越大,如果市场看到加息后央行为了对冲这一压力而让自己本币进入升值状态,那么,由此带来的进口成本的降低和出口拉动的投资需求的减少也都会抑制通胀水平的恶化。这种来自"汇率渠道"的抑制通胀的效果也被不少经济学家所强调。

最后一点,很多国际知名学者的研究都提到,加息往往是政府宏观调控政策趋于收紧的一种信号,所以来自政府部门的公共投资的增长也会有所节制,

---

① 本文首次发表于 2011 年 2 月 13 日。

这样就会影响总需求的减少，进一步产生抑制通胀预期的作用。至少在市场经济成熟的国家，从这个"公共投资"渠道上反映出来的和货币政策一致的做法确实得到了数据上的支持。比如，今天美国政府虽然强调减少财政开支以防止美国政府国际信誉的丧失，但是若要配合货币政策刺激经济的效果，很多社会福利型的公共项目今天还是需要政府经费上的大量投入。美国经济最近的复苏也表明了这种政策方向协调的重要性。

总之，在今天通胀压力当头的情况下（老百姓的感觉可能更明显），从现在开始，连续加息听上去很合理，但是，我想说的是，虽然当金融危机的冲击稳定后，全球经济所面临的风险都开始转为流动性泛滥及其可能引起的恶性通胀状态（我曾经在以前的文章中把现在的状态看成是美国引发的金融危机一定会进入到的最后的"第三阶段"），但是，从中国目前所处的发展阶段而言，我们的持续加息等货币政策不可能只涉及货币和物价两个系统，而且无论是短期还是长期，它都会影响到中国实体经济发展的方向和速度。这不可能简单地用很多学者按照"货币中性论"的观点所推出的上述各种逻辑来演绎。

经济学家熊彼特在他学术生涯最辉煌的时期，一直想梳理清他认为最最困难的货币和经济之间的内在关系。虽然他佩服同年代的凯恩斯看到了大萧条中政府的作用，但同时也认为，政府货币政策也好，财政政策也好，在创造出"有效的需求"的同时，可能也会扭曲支撑市场活力的"效率机制"。有时这种代价会比短暂的通胀所带来的社会福利损失的代价要大得多。因为只要能够通过"丰富的信贷创造"来产生私人部门的创新热潮，那么，实体经济部门脱胎换骨的变化和随之而来的增长周期一定是能够把多余的流动性吸收干净的。可惜的是，身不由己的一场脑溢血带走了他一直想"叫板"当时盛行一时的"凯恩斯货币观"的宏伟写作计划，于是，他的"超政府"的货币非中性论的观点，我们今天已无法系统地在他遗留下来的巨著中找到，这方面零散的观点只能见诸于他的日记和一些讲演的报告中（可参见最近关于熊彼特的传记《创新的先知》一书）。

在这里，我想说的是，虽然对中国现有的创新能力的估计使我无法简单地接受熊彼特当年强调信贷作用所表现出来的超乐观的判断，但是，他给了我很多的启发，至少我认为，连续加息在中国的发展阶段和我们所处的外部环境都无法让它顺理成章：

第一，打开加息通道并不能阻碍今天欧美宽松货币政策所加剧的输入性通胀对中国经济的负面冲击作用。加息在抑制负利率问题上有一定的作用，但是否能抑制通胀预期还很难判断。中国今天人均收入落后于发达国家的现状决定了我们投资致富是经济发展的内在动力，而消费能量推动物价上涨的动力是有限的。但是，如果连续加息遏制了市场投资的动力，进而影响到了经济增长（人均收入增长的源头），那么大众流动性追求金融财富的愿望会更旺盛。甚至"逗你玩""蒜你狠""姜死你"等大众追求财富的投机行为反而会进一步推高没有真实内需动力所带来的物价上涨现象。而如果有朝一日，这种被金融资本绑架的农产品市场或大宗商品市场的价格泡沫一旦破裂，那么"货币中性"的代价就是让中国大众完成原始财富积累的过程变得更长，中国内在的消费动力的形成就会更困难。于是，将来缺乏市场活力的经济就会给政府带来更大的负担；而"刺激经济"的凯恩斯方式的市场干预又不得不频频出现，而且还会不断加大力度，长此以往，很有可能出现日本现在的财政债务膨胀或昔日拉美通胀高企不下的怪圈。所以，连续加息不仅不能遏制输入性的通胀，反而会影响中国大众财富形成的速度。即使伴随着加息，政府同时用汇率调整来减少外汇占款的压力，也无法扭转中国社会目前所处的发展阶段所必然带来的"储蓄出超"的经济结构。如果汇率调整不谨慎，还会影响到我们原来市场所积累的有效的致富方式。

第二，打开加息通道，并且像某些专家所建议的那样采取非对称加息，从而缩小银行机构的利差，那么，银行的信贷能力和质量都会受到数量控制和收益缩小的双重打压,缺乏信贷能力的银行业对中国这样一个需要完成原始财富积累(企业投资主导)的国家而言,比起股市来讲将产生不可估量的负面作用。尽管企业的融资成本没有多大的变化,但是银行靠量补价的做法反而会让紧缩的货币政策失效,而把银行管"死",造成银行业绩下滑,也会严重影响到中国经济的结构转型和房地产市场泡沫的"软着陆"效果。另外,今天处于垄断地位的银行业未来转嫁存款成本的能力不容小视,也就是我们经常讲的,银行业一管就"死",而一放就"乱"的现象。实际上,"乱"是因为前面管得太死,它却可能使央行货币政策带来的紧缩效果化为乌有,或者让中国实体经济的发展面临资金上更大的挑战。我们还必须认识到银行股在中国当前主板市场上所肩负的举足轻重的"权重"地位,因此,它的业绩萎缩会造成中国股市融资能力的整体下降。总之,中国银行业当前的主要矛盾是解决竞争力不足和资源配置效率低下的问题,而不是信贷规模增长的高低问题,如果前面的问题解决了,中国经济的健康增长就足以吸收和抵抗信贷规模增长过快所可能带来的一时的通胀问题。如果前面的问题不解决,那么,连续加息、尤其是非对称加息,即使暂时性收缩了银根,但是其信贷收缩的持续效果也会事与愿违。

第三,打开加息通道,尤其是在金融发展深度比我们强大的发达国家还没有开通加息渠道的时候,中国承担的风险不能忽视。虽然从资本账户上我们可以不用过于担心"套息"游资大量的"侵入",但是,套息的方式多种多样,比如,中国现在的发展阶段决定了我们以投资为主导的内在发展动力,于是,海外游资绑架了中国经济增长所需要的农产品和大宗商品市场,靠提价"搭"中国经济增长的"便车"赚钱,而在他们眼里,加息只不过是中国经济过热的表现而已。除了这种间接式的套息方式以外,通过经常账户(外在形式可能表现为贸易或直接投资的顺差加大)和地下渠道进来的热钱也会让我们除了"对冲"之外没有其他更好的应付方式。而对冲的结果就是好、坏细胞一起杀。最近,企业间通过各种业务方式进行的信贷运作较为活跃,这也是高息套利的一种表现形式。

国内信贷管住了，外汇占款带来的流动性反而能够获得更高的回报。一句话，连续加息反而会让外汇占款变得更多、人民币升值的压力变得更快。其结果就是让这些热钱的预期自动实现。当然，中国经济下滑了，即使利率再高，只要基本面不牢靠，热钱还是会小心谨慎，因为扣除风险后的收益可能会变小。但我们不能以中国经济下滑作为代价来赶走热钱，所以，从这个意义上讲，连续加息在目前的环境下不是一个有效的做法。

我判断，中国央行不会通过连续加息的做法来改变市场对通胀的预期，尤其是中国货币市场利率和汇率市场化的进程还远远没有结束，中国经济又处在不断发展的通道上，若以"双率"为主导的政策手段作为调节通胀的工具，一定会像我上面所阐述的那样，弊多利少。从这个意义上讲，今后加息还是会根据负利率程度和市场的承受能力来灵活调整，数量调整还是在中国目前的金融体系的发展状况下不得不采用的应对通胀的次优做法。但是，在中国货币政策不断强化调控物价力度的同时，我们不能忽略它对实体经济产生的负面作用。不能出现泡沫被挤掉了，而中国经济的市场活力也被挤掉了的结局。从这个意义上说，我们要考虑以下非货币的政策手段和措施：首先，理顺中国产品的物流渠道，打破垄断，将行政管理转变为充分竞争，让价格成为供需调整的真实信号。其次，增加国家资源类产品的战略储备和多渠道的进货网点，以抗衡目前国外炒作价格的金融投机行为。另外，中国税收政策要对企业家和行政高官的收入区别对待，通过鼓励和扶持企业家的创新行为来吸收市场上被闲置下来的资金，从而阻断产业资本、社会资本走向金融资本的通道，遏制流动性泛滥所带来的通胀和资产泡沫现象。最后，在提高政府让利给企业的程度的同时，通过制度安排，也约束企业要将由此带来的利润增长还给劳动者和股民，从而提高他们抗衡暂时性通胀的能力，这一点对有效地推动中国经济的结构优化乃至调整都显得非常重要。

作为总结，我想说的是，连续加息（价格导向的货币政策）在中国今天投资为主、储蓄为根的经济结构的约束下,在中国现有的金融体系的发展水平的影响下,不可能简单地认为只对通胀产生明显的抑制作用(货币中性论的观点)。无论是短期还是中长期,它一定会对中国实体经济产生不可忽视的影响(货币非但不是"超中性",根本就是非中性的),如果这种影响的负面作用持续下去,那么反而会出现在成熟市场不太看得到的通胀(预期)恶化的现象。所以,对于我们而言,发展才是硬道理!哪怕发展不可避免地使信贷的有效增长暂时出现了通胀,我们也要坚定不移地相信企业家的创新能力会改变这一切!

最后,在治理通胀的崎岖道路上,让我们对凯恩斯调控"有效需求"的观点说声"留步",对货币主义治理通胀的"理想"追求说声"抱歉",而对于熊彼特的"信贷推动创新"的"有效供给"观点,我们要大胆地喊出:"请跟我来"!

第五章

中国经济的"新增长点"
在哪里?

"民富"的基础在于市场的活力①

今天,主要经济发达国家的持续低迷的状态给世界经济的复苏蒙上了重重的阴影,也给中国经济的发展带来了不可回避的"双重制衡"作用:一是扩大自身消费需求的压力变得越来越紧迫,二是要克服金融危机的困扰,更要发挥经济全球化环境中的"战略合作"机制和基于"比较优势"基础上的自由贸易理念,来"最大化"相互支持所带来的中国经济和全球"社会福利"不断改善和提高的效果。为此,"十二五"规划中所强调"两条腿走路"的重要性就充分反映了中国政府重视目前自己所处的发展阶段及其内在的发展规律,以及最大限度地去提升"民富"水平所需要的市场支撑能力。

具体而言,"十二五"规划的"新意"就在于努力实现基于"科学发展观"基础上的"包容性增长"的战略。它具体表现在"改善民生"和"提升企业竞争力"这两大方面的"经济发展方式"的转变上。

在"改善民生"方面,首先它是想从"三个层面"上发力来解决中国社会存在的"没有钱消费"(民"不富")的问题——一是想通过农村的城市化、城镇化来推进农业现代化,建设农民生活的美好家园,从而创造出农民收入"稳定增长"的空间;二是通过推动区域经济发展,调整区域发展结构失衡的问题,达到城乡居民收入普遍较快增加的效果;三是合理调整收入分配关系,努力提高居民收入在国民分配中的比重、劳动报酬在初次分配中的比重。

---

① 本文首次发表于 2010 年 10 月 28 日。

其次它是通过强化社会保障的功能等公共服务机制的完善和优化来解决"有钱不敢消费"(民"富而不乐")的问题。比如,"十二五"规划中涉及健全覆盖城乡居民的社会保障体系,加快医疗卫生事业改革发展,并正确处理好这方面存在的人民内部矛盾,以切实维护好社会和谐稳定。只有百姓各种的"后顾之忧"得到缓解,大家才会乐于使用自己宝贵的财富来改善生活质量。

最后是通过发展高端国民经济的支柱性产业来充分激活高收入阶层在国内消费的巨大潜力,从而解决"有钱没处安心消费"(民"富而不和")的问题。这次特别提到了发展文化产业的必要性,一方面它是提升中国社会整体积极向上、齐心协力的价值观,另一方面它也能很好地满足高收入消费群对"精神粮食"的旺盛需求。如果无视这种消费潜力,那么,很有可能在贫富分化的格局中,中国过剩的流动性会走向金融投资领域,造成大宗商品通胀严重、资产价格泡沫膨胀的问题,从而不可能通过高收入群体资源的消费行为来将财富自然转移到为他们提供高质量产品和服务的低收入阶层的手中。于是,富人的投资行为让富者更富,而生活在一个屋檐下的一般大众会被生活成本日益上升的环境逼得生活更加拮据。于是,"仇富"的心态日益膨胀,就很难营造出一个可持续发展所需要的"市场活力"(事实上,在不和谐的社会环境下,少数富人的"快乐"成本会大大增加)。当然,从很多发展中国家的经验中可以看到:对高收入实行高税收的政策都不同程度地导致了"官员腐败"和资本外逃的不良现象,从而使得原本"收入再分配"的公平效果大打折扣。

另外,在提升"企业竞争力"方面,也能从"四个方面"看出国家的主攻方向:

一是推动产业结构的升级来提升企业的国际竞争力。为此,"十二五"规划中强调了发展现代产业体系、培育发展战略性新兴产业的重要性;同时指出,科教兴国和人才强国战略是让我们成为创新型国家的重要保证。

二是深化改革开放的路线,强调科学发展观。通过构筑区域经济优势互补、主体功能定位明晰的发展思路,来提升市场经济的活力,打造"包容性增长"

战略中所追求的"两型社会"（资源节约型、环境友好型社会）的理想环境。我认为在这方面一定要重视让民营资本发挥更大的积极作用。不打破市场垄断的格局、不重视战略产业的政策扶持，企业是没有动力去主动承担巨大的"沉没成本"来推进社会所需要的"结构转型"工作的。

三是把"科技进步和创新"作为我们发展方式转变的重要支撑。这就牵涉中国鼓励创新的制度完善问题，比如知识产权的保护措施、技术专利制度的完善等。尽管今天社会上对"山寨市场"在就业吸收能力和社会消费意识的引导上所发挥的积极意义给予了高度的评价，但是，创新类企业承担风险的高额成本如果得不到市场应有的认可，那么，中国将很难出现世界一流品牌的企业和高端的产品，从而也就不太可能让中国高收入的消费群体在中国的消费市场上"立足"。

四是"做强金融"服务业，为经济发展方式的转变提供重要的支撑。虽然这次在十二五规划中没有将"金融创新"放在特殊的地位加以强调，但是，它还是反映在了规划中所强调的财税金融深化改革的内涵中。我也注意到，中央高层领导在很多场合都提出了要增加直接金融在中国经济建设中的贡献比例，要让银行依托不断完善的资本市场平台，做一些可持续发展的创新业务。否则，不仅金融机构的活力受到严重制约，而且会影响到上述的社会保障功能目标实现所需要的庞大金融资源的支撑问题。

总之，民富了，才有"资本"消费；大家生活上的"后顾之忧"都得到妥善解决了，才能从消费过程中让"富裕"变成"快乐"（否则"致富"就会成为人们心理上的负担，精神上的枷锁）；而尽快营造一个"市场活力、反贪反腐、公平福利"的社会环境，则是让中国普天下大众"和睦"相处、齐心协力、奋发向上的前提条件。诚然，"十二五"规划给我最深的印象是反复提到了"发展方式的转变"，但我想说的是，我们一定要坚持科学发展观，尊重中国经济目前发展阶段的内在规律，循序渐进、扬长避短。即使我们现在已经不需要地方政府再搞过去的那种GDP

增长的"锦标主义"竞争机制,但是,如果我们对"民富"的目标没有一个明确的"绩效评估"体系,那么,还是无法避免过去那种"树标兵式"的"形象工程"的出现。同时,长期习惯了"政策市"的中国经济也可能因为"努力目标的不确定性"而迷失方向,或者对"民富"的价值判断的偏离而削弱了我们对"有限资源"配制的"效率"。所以,关键还是要处理好"量"变与"质"变之间的内在关系。比如,还是要将"人均 GDP 的增长幅度"和"同等条件享受社会福利的程度"等衡量"民富"指标的变化,与"民乐""民和"等衡量幸福指数的变化等都纳入各级政府"绩效考核"的指标体系中。

"结构调整"首先需确保经济活力①

伴随着结构调整政策的实施,中国实体经济发展的势头出现了下降迹象。笔者以为,此时要格外注意"政策的叠加效应"。就各项措施单独来看,抑制楼市泡沫、人民币汇率升值、收缩银行信贷、清理地方债、强制实施国家节能减排指标、关闭清理产能过剩企业、下调出口退税等等,对结构调整都有积极意义。但是,若没有"增长"这一大环境的保证,政策叠加后的效果可能事与愿违,结构调整或将变得越来越难。

东欧大刀阔斧式的市场改革的失败和日本泡沫经济崩溃后的结构调整至今都没有见效,诸多案例都在阐述一个共同的事实:因为经济增长不断下滑,市场改变了对未来投资和消费状况的乐观预期,而不断强化的悲观情绪和由此产

---

① 本文首次发表于 2010 年 9 月 20 日。

生的"保守"行为,让"结构调整"无法产生当初所期待的"经济效益"。

所以,从某种意义上讲,中国现在捍卫自由贸易理念,坚持"内需和外需两条腿走路",就是在为结构调整赢得宝贵的时间。也就是说,通过打开出口的局面以控制由于内需不足所导致的增长下滑的趋势,从而为我们完成"工业化、城市化"进程和由此带来的不断提高的市场消费动力提供坚实的基础。依据这样的判断,那种因为要缓解美国对人民币升值不断施压的局面,中国会率先加息、会让人民币大幅升值、甚至会对外开放资本市场等预测,我觉得有些牵强附会。

不能否认,任何一场金融危机过后,都会凸显出金融机构内部风险管理及其外部对其监管不到位的问题。而且,它们的共同特征是:在经济周期上扬的阶段,资产价值被市场疯狂地推高,而负债的偿还能力也会因资金的加速周转而提升。相反,一旦经济周期出现了意想不到的向下调整的时候,作为探测经济发展好坏晴雨表的资本市场就会敏感地作出反应,而且,周期调整开始得越突然,市场的反应就会越激烈。本来完全处于良好财务状况的企业,也会因为资本市场价格的破坏和流动性周转速度的急速下滑而出现严重的"资不抵债"现象。尤其是在目前世界经济进入了全球化阶段,金融全球化的速度和深度也随之加大,于是,部分企业和机构的财务危机问题很快就会演变成整个国家的、甚至是全球性的金融危机。一旦这样的恶果出现,常常会让没有做好充分准备的政府及其监管部门感到束手无策。到目前为止,大量的经验事实表明:金融机构越是挑战"高收益"的业务,就越容易暴露出这种"天生的"经不起经济周期性调整的脆弱性。因此,为了保证今后世界经济健康、可持续发展,巴塞尔协议在不断修正,对金融机构、尤其是对银行业的审慎性指标(比如,资本充足率、损失拨备率等)提出了更高的监管要求。目前,中国银监会也顺应了这样的发展趋势,正在整顿曾一度放贷过猛的银行业。

但是,全球一起共同探索"可持续发展"战略,并不意味着各国政府就此形成了"共识",如果因为国内经济"自身难保"而无法参与国际协调的行动(比如今天欧美国家根本没有意愿去与日本政府一起共同干预外汇市场推高日元),那抗衡危机的一系列宏观调控政策的有效性就会不断降低。于是,海内外对金融危机形成机理深刻反省后所提出的很多关于"可持续发展"的良好建议,也只能等到"后危机时代"真正到来时才会付诸行动,才会取得实质性的效果。

由此,我认为,当下的结构调整,不能忽视坚持自由贸易和节能减排的理念"共同并举"的重要性,不能忽视结构调整和"新的增长点"相辅相成的关系的建立,如果只"破"不"立"、只"堵"不"疏",那么,中国经济的市场活力就会在盲目的"结构调整"中逐渐消失。

至于目前消费者物价水平上升所带来的银行"负利率"问题,不能简单地通过"加息"来解决。即使是"不对称加息",在现阶段也是弊多利少。因为现在银信中间业务叫停了,房贷又在大力整顿,地方债也不能再支持了,信用卡业务更是在收缩。结构调整让贷款的整体规模出现下降态势,"揽储"包装财务的行为也在受到强有力的监管。再加上审慎性监管的要求随着新巴塞尔协议的出炉会变得更加严格,如果只加"存款利率",那么银行就可能会"无路可走"了。与其他发达国家不同,中国银行业在经济发展中的地位举足轻重,让银行来承担全部成本会危及国家的金融安全。

当然,当下欧美经济的发展态势与亚洲不同:在欧美,核心通货膨胀率尚未大幅上升,通缩仍是他们担心的主要问题。而东亚各国,韩国、印度、泰国、印尼的通胀和资产价值都在大幅上涨,韩国和印度不得不率先加息。中国政府"不加息"而是选择信贷管理和直接平抑物价也是不得已而为之的选择。今后,在越来越开放的经济环境下,抗通胀和抑制资产泡沫的努力将是我们所面临的最大挑战之一。

不管怎样,中国政府目前的选择依然会是以数量调整为主,然后在适当时候加快人民币的升值步伐,以增加游资的换汇成本和减少输入型通胀的压力。最后,在经济结构调整基本到位的情况下,才会上调利率,释放退市信号——当然,时机选择最好与世界主要发达国家同步,以减少中国单方面退市所带来的不可估量的成本和风险。

如何做到"稳中求进"？[①]

2011 年推迟召开的中央经济工作会议确定了明年中国经济要在错综复杂的内外环境下谋求"稳中求进"的发展基调。尤其是会议上提出了"要牢牢把握发展实体经济这一坚实基础,努力营造鼓励脚踏实地、勤劳创业、实业致富的社会氛围"的重要性,我认为这一点将成为明年"稳增长、控物价、调结构、惠民生、抓改革和促和谐"等多项政策目标的有机结合点,也将成为防范未来潜在风险而实施的积极财政政策和稳健货币政策的重要依据。否则,如果我们只会"头痛医头、脚痛医脚",那么,明年就很有可能在努力完成上述多项目标中的某一项时,发现它严重干扰着另一项正在努力实现的政策目标的良好效果。同时,若我们只盯住明年宏观经济指标来决定宏观调控政策的时间和力度,而不了解复杂环境中所形成的经济指标背后的复杂机理,那么,我们的宏观调控政策就有可能因为没有把握好时机或力度而出现干预过度或扶持不足的结果,从而造成明年实体经济大起大落的不良局面。之所以作出上述的分析,是基于以下几个重要的因素:

首先,欧债危机和美国高失业率的格局所导致的流动性泛滥或流动性恐慌这两种可能性都会严重干扰世界经济的复苏,也会挤压中国经济可持续发展模

---

① 本文首次发表于 2011 年 12 月 15 日。

式转变的进程。因为我们可以断定，由于欧洲财政统一的艰难性和美国赤字财政的零空间，欧美国家救市的手段就会落在量化宽松的货币政策上，由于长时间以来美元和欧元在国际贸易和投资活动中拥有举足轻重的地位，所以，大量的流动性会带来两种结果：一种结果是全球投机套利成本由此变得非常低廉，它完全可能让欧债问题变得越来越严重，让欧元体制解体的可能性大大增加，若全球经济真的出现二次探底，那么，实体经济出现大萧条、虚拟经济出现大通胀的格局就在所难免。另一种结果是 2009 年到 2010 年的情况再次出现，即大宗商品价格被全球金融资本炒得天翻地覆，新兴市场国家热钱流入，输入性通胀加剧，本币大幅度升值，利率也被迫提升，这些都严重干扰了本来国内消费就疲软的新兴市场经济。为应付这两种可能性，我们都必须大力发展国内的实体经济，减少外部冲击对中国经济造成的负面影响。

为此，我们认为：多元化的产业结构符合中国现阶段的发展状况和需求，高附加价值的产业升级和结构调整是我们中国经济未来发展的必然趋势，但是，当目前中国经济人才和资金以及金融体系的成熟度还相对匮乏的时候，全国各地都搞同样的新型战略产业的发展规划可能会占用资源，形成低端同质化生产的恶性竞争。反而，在传统行业，通过这些年来的学习和磨炼，附加价值实际上已有可观的提高，但却遭遇到一些政策的歧视。所以，应该给所有的生产性企业，尤其是民营企业降低他们的税负、物流成本和提供给他们以公平的竞争环境，让产业资本重新站上经济发展的大舞台。

同时，我们要规范财政投资的项目运营方式，严防产业垄断资本和金融投机资本结合在一起牟利的不良现象，严厉打击企业"以价补量"盈利模式中寻租腐败的行为。现在在实施积极的财政政策的时候，应该要特别重视创新和消费环境的扶持，尽量减少不计成本的大规模的公共投资。把经济运行的重任交给市场和按市场规律办事的企业家，而加息的紧缩货币政策只会增加外汇占款，挤出产业资本的风险。企业搞活了，制度搞好了，"负利率"现象就会因为新一轮由企业家推动的增长方式的形成而消失。从这个意义上讲,政府应该大力扶持和帮助企业与机构推行的健康的产业金融和科技金融的创新手段,让金融资本真正为有成长性的产业资本服务。

其次,中国实体经济发展的动力在于勤劳创业和实业致富。众所周知,今天中国内需不旺的最大理由不是我们没有意识到它的重要性,早在1997年东亚发生金融危机的时候,中国政府已经深刻地认识到对外依存的增长方式摆脱不了外部冲击对本地区的严重影响,从那时开始,不管是在经济工作会议上还是在中央两会上,我们都强调了调结构、促内需的重要性,但是,至今为止,我们还是没有看到消费能量能够吸收我们的生产能量,从而缓解国际收支不平衡对我们造成的政治和货币调控效果的压力。主要原因就在于中国如今还处在个人原始财富积累的阶段,这一阶段的最显著的特点就是收入的增长不是以消费的方式使持有的货币和信贷进入实体经济部门,而是以储蓄和金融投资的方式进入到虚拟经济部门。再加上我们的社会福利及社会保障制度、劳动市场的公平待遇制度以及消费者利益保护制度等都还没有达到完善的地步,所以,个人资产在国内的安排上出现"高储蓄高金融化低消费"的状况就在情理之中了。所以,在实体经济中提倡勤劳致富,而不是过于依赖虚拟经济的非理性繁荣来完成个人原始财富的积累,从而让中国经济顺利进入到可持续发展所需要的内需型增长阶段,这也是我们明年宏观经济政策如何做到有保有压、有的放矢的重要依据。

目前我们应该清醒地认识到,市场活力焕发的不确定性依然很大,表现在很多产业资本被闲置下来,很多民间资本流失在外。若要扭转这一局面,只有政府通过进一步减税让利,同时保护好市场投资和消费的环境,并加快完善社会保障和福利体系的进程,以及大力推进"多劳、多得、多消费"的激励机制,减少欧洲那种"不劳而获"、损害经济可持续发展的货币化"高福利"机制,这样才能做到中国社会民富有保障、中国经济发展有起色,而不是令人担心的宏观经济大起大落的局面。

最后,"惠民生、抓改革和促和谐"是中国实体经济健康发展的重要基础。如果因为收入分配机制上的扭曲,实体经济的繁荣却没有带来社会大众的财富增长,相反,如果财富集中到垄断部门和受到保护但又缺乏竞争力的行业,或者流失到少数贪污腐败的政客手中,或者落到那些擅长利用社会大众致富心切的心理、并缺乏政府有效监管的投机炒家的囊中,那么,即使 2012 年我们通过一些改革,使得企业群体变得更为集中,使得市场活力更加依赖政府力推的新型战略产业所带来的"政策红利",那么,中国实体经济的发展与繁荣,也会因为社会大众勤劳致富的意愿丧失、消费能力的低迷、参与改革和结构调整的积极性受挫,再加上由此带来的利益冲突问题的激化,而变得难以实现或者不可持续。尤其是随之而来的民间灰色市场资金流问题和资本外逃的现象会严重干扰我们稳增长和控物价的目标的实现。所以,明年民生财政、反腐倡廉和强化监管以及继续通过改革开放战略的深化来打造民营资本和海外资本所带来的市场活力等方面的政策举措,都将受到海内外人士的高度关注,这些方面明年若能出现可喜的变化,它就必然会对中国经济摆脱欧美经济的动荡和营造内外和谐的发展环境产生不可忽视的积极作用。

未来货币政策的变化①

2012 年 8 月,统计局公布了 7 月份的经济数据,引起全球关注的中国消费

---

① 本文首次发表于 2012 年 8 月 9 日。

者物价指数 CPI 同比上涨 1.8％,创两年半来的新低,进入到"1"的时代。而其中城市上涨 1.9％,农村上涨 1.5％;食品价格上涨 2.4％,非食品价格上涨 1.5％;消费品价格上涨 1.7％,服务项目价格上涨 2.0％。1 至 7 月平均下来,全国居民消费价格总水平比去年同期上涨 3.1％,低于国家所设定的全年度通胀的目标。再看一下环比的变化,就更能找出超过"中国经济进入通缩时代"这一简单化判断的内在机理。比如,CPI 上涨 0.1％,其中城市上涨 0.1％,农村持平(涨跌幅度为 0);而食品价格下降 0.1％,非食品价格上涨 0.2％;消费品价格下降 0.1％,服务项目价格上涨 0.6％。结合这组数据,我们至少能解读出以下一些信息:

首先,中国经济和世界经济同步发展,都处于周期下行的调整阶段。内外物价连续低迷正是企业投资意愿不足和市场消费动力缺乏的滞后反应,也是庞大的内外"救市"资金并没有进入实体经济的真实写照。至于翘尾现象和自然灾害的影响,那只是影响短期物价走势的问题。值得注意的是,欧、美、日等经济大国和以中国为代表的迅速崛起的新兴市场国家如今负面经济材料互相"叠加",不断通过贸易和投资的萎缩和市场信心的波动方式,影响着各国缺乏政策协调的救市政策的效果。所以,全球股市的表现依旧疲软,虽然对各国的经济数据和刺激政策的敏感度在不断加强,但伴随利好政策和消息的出现而出现的股价反弹现象也只是昙花一现。

第二,市场缺乏活力,依然过度依赖政府的救市政策。无论是美联储的 QE3 还是欧洲央行对债券市场的注资行动,包括接下来中国政府是否调整货币和财政政策的方向来进一步刺激疲软的经济等救市举措,都已经成为现在市场上唯一的利好材料。尤其是利空的经济数据公布后,市场对政策的期待达到顶峰。一旦所期待的利好政策没有兑现,失望的情绪就会带来过度的反应,形成更为严重的价格破坏效果。由于这两年来各国的救市政策虽然使经济没有出现"硬着陆"的状况,但是却没有带起新一轮经济增长的势头,反而,美国大选之年财政支出的负担的增加,进一步导致了全球市场对未来增税的预期不断强化,于是,社会避险情绪日益浓重,"预防性储蓄"行为也不断显现,大家都采取"现金为王""以价补量"的投资理念,造成了实体经济部门投资、消费不足,而金融和要素市场中短期债券价格飙升和大宗商品价格大起大落的格局,宽松的货币政策根本无法传导到实体经济部门,产生有效需求。从这个意义上讲,今天各国货币政策都进入了"流动性陷阱"的时代,进一步刺激经济会带来未来流动性泛滥的巨大后遗症。

第三,因为各国缺乏政策的协调,导致发展阶段不同的国家都出现了不同程度的"价格扭曲"现象,而这种现象又会干扰世界经济共同走向繁荣的格局。比如,从中国的情况来看,政府救市政策的降温,直接反映在对中西部和农村经济落后地区的影响要超过相对具有市场消费能力的城市(价格疲软现象更为明显),而缺乏整体消费能力的中国经济(下游产品价格的涨幅有限就是很好的证明)开始出现(上游)服务价格不断上升的局面,这也意味着我们某些方面的"结构调整"正在增加下游企业的经营负担。尤其在经济周期下行的时候,产品的利润空间很难打开,甚至高附加价值产品因为缺乏"性价比"的竞争优势,更难谋求利润的增长,所以,成本的控制和现金流的储备就决定了大多数企业今天的生存能力。从这个意义上讲,产业资本如今寻找快进快出的投资方式也是有它的合理性。为此,我们政府的任何政策都应该围绕降低成本、克服"周期下行对企业和实体经济的负面影响"这一目的来展开(欧美国家在给企业大幅度减税这方面的救市举措值得我们借鉴),而不应该在周期下行的时候急于去寻求产业升级所带来的利润回升的效果!

欧、美、日的价格情况也是如此,它们的金融体系中"过剩的流动性"带来这个阶段这些国家货币对外轮流升值(人民币大幅贬值就是牺牲品,在中国企业投资意愿不足的情况下,交易条件的恶化压过了中国产品竞争力的恢复),以及稀缺资源市场投机行为猖獗,增加了他们"再工业化"的成本。值得注意的是,此时他们却用贸易保护主义来缓解价格扭曲对本国经济的影响，可想而知，效果必然适得其反。总之，在周期下行的调整阶段中，世界经济更应该坚持自由贸易的理念，各国政策更应该加强协调合作，让实体经济部门的真实需求来指导市场价格的调整，而不是依靠各国政府以自己国家利益为重的救市政策来修复经济疲软所导致的价格破坏现象。否则，扭曲的价格现象在不可抗拒的全球化环境中会更加增添各国结构调整和经济复苏的成本，从而拖延新一轮增长的启动。

　　总而言之，未来中国货币政策的取向要围绕着"周期下行阶段确保企业经营成本下调"这个唯一目的来展开，如果降息和降准最终导致了土地价格攀升、生产资料价格上涨或消费品物价高涨（压制有效需求）等增加商业经营成本的结果，那么现在改为宽松的货币环境是万万不可取的，哪怕流动性的释放带来了股市暂时的繁荣，但也是昙花一现，并不会在企业利润下滑格局中，产生带动企业投资和大众消费上扬的结果。相反，如果降息降准能够遏制海外资金进场套利（利差缩小的影响）和由此引起的大宗商品或农产品暴涨的行为（央行对资金走向的监督效果明显），能够让银行业在利率市场化的改革中充分发挥它们的专业化配置资源的能力，能够让优质企业（证监会退市机制产生效果）以最低的成本获取它们开展商业活动所需要的充足的流动性，那么，在价格低迷的环境中调整我们货币政策的方向是值得的、及时的，尤其是存款准备金率的下调更为必要，否则，将来一旦欧债危机平息，欧、美、日等发达国家过剩的流动性卷土重来，而我们的货币政策空间又没有得到充分有效的释放，将有可能在未来需要介入的时候，因干预力度不够和市场手段的缺乏而引起输入性通胀问题再次加剧，这样很有可能把中国经济拖入最危险的"滞胀"格局，当然，这样的结果对世界经济的复苏都将产生不可低估的负面影响。

探索中国经济发展的智慧——再谈外需和内需的关系①

2012年3月以来,中美贸易摩擦呈现出明显的升温迹象,作为世界经济第一、第二大国之间的贸易纷争,对依然处在疲软复苏的世界经济产生了不可估量的负面影响。至少从短期而言,贸易保护主义的加剧以及名义上看似改善了国际收支平衡的"锁国"式的经济结构的调整,都会造成世界经济规模的不断萎缩,从而进一步增加各国摆脱金融危机的调控成本。从中长期看,贸易战会扭曲各国资源的配置,使得建立在比较优势基础上的全球经济的发展效率大打折扣。尽管如此,美国政府当下依然违背自己倡导多年的"自由贸易"的理念,以贸易战争来维护和争夺美国在经济全球化中的单边利益。其中有许多深层次的因素值得思考。

首先,美国经济出现了严重的不可调和的"高失业"问题。众所周知,这场危机让美国不得不进入了一个继经济大萧条后的又一次漫长的周期调整,但是,要走出这场危机,美国依然还是要靠自己本土的创新力量。尽管现在美国已经出现了经济复苏的迹象,失业率也有所降低,但是,大量的非技术工人在美国社会中越积越多,这里面有美国收入分配问题恶化的因素,有美国私有化教育制度"亲富排贫"的歧视问题,有美国移民就业安置政策上的问题,也有美国经济的"比较优势"并不在于以劳动密集型产业为代表的成本优势的问题。相反,若不给予美国技术创新和金融创新的人才足够高的工资待遇,美国经济的

---

① 本文首次发表于2012年3月28日。

竞争力就可能被打垮。从这个意义上讲,美国创造低附加价值的劳动力在危机阶段更加失去了就业的机会。只有等到美国新的生产力不断壮大、消费全面恢复的时候,这批劳动大军才有可能回到就业的岗位上。可是,现在正值美国大选之年,他们整天上街游行("占领华尔街"就是典型的表现),发泄对现任政府的不满情绪,严重影响到现任奥巴马政府的连任计划。所以,奥巴马提出的"再工业化"战略,在一定程度上就是想通过打"中国贸易牌",把中国低端产业"夺回"美国,以解决这批低端劳动大军的就业问题。

其次,贸易大战也是美国今天调和中美之间经济力量较量的一个重要手段。金融危机爆发后,美国的经济和金融暂时处于一种修复资产负债失衡状况的"休眠时期",而作为美国最大债权国的中国,则在强化自己在世界经济舞台上应有的地位。无论是贸易还是投资,无论是实体经济的壮大还是金融国际化战略的强化,中国都表现出积极推进的态势。尤其是关于国际货币体系治理问题的改革举措(包括人民币国际化战略等),让美国不得不面对自己债务高企、国际信用下滑的挑战。于是,尽快平衡美国对中国的贸易失衡结构,避免占有国际霸权地位的美元继续凸显其结构性疲软的态势,就成为美国今天调整的首要任务。于是,遏制中国贸易顺差的扩大某种意义上就是遏制中国在经济全球化环境中对美的经济力量构成的威胁。

最后,贸易战在目前美国主导的世界经济格局下会产生非常不健康的对中贸易战的群体行为。因为在危机中,贸易伙伴国之间的盈利能力会直接影响到各国的就业能力及各国政府税负的调整能力,而这一切可能在短时间都会降低本国政治协调的成本。所以,今天我们要注意到,中美贸易战不是简单的中美之间的问题,而是已经影响到大量对中贸易逆差国家或与中国具有相同贸易结构的国家都在搭美贸易摩擦的"便车"对中方实施过度的"制裁",并且互相感染、加强力度,这给本来就脆弱的世界经济蒙上了更加深重的阴影。

综上所述,中国在面对这场利益越来越复杂的贸易战中,应该一如既往地坚持"自由贸易"的理念,至少也是为"培养内需"所需要的增长环境赢得宝贵的调整时间;同时,要坚持改革开放的胸怀,既要注重中国经济发展阶段上所呈现出的内在的比较优势——贸易和投资支撑市场活力和经济增长的结构,也要强化国际政策协调的力度——利用国际组织的平台和多国合作渠道来加大对美国等贸易逆差国的进口规模,避免中美双边贸易摩擦的政治化升级,避免让以"加工贸易"为主的中国单边来承担全球国际收支失衡的问题。甚至我国政府应该联合世界对美贸易顺差国家,一起采取一些主动的干预和补贴政策,为美国创造属于它的有竞争能力的就业岗位,而千万不能容忍拥有世界主导货币的美国,轻易通过量化宽松的货币政策来在其国内创造"就业岗位"的救市行为。

当然,在中美贸易摩擦问题上,我们必须要时时刻刻保持清醒的头脑,目前任何脱离中国实际的产业升级、结构调整或增加收入、刺激内需的"理想主义",都会给中国经济带来适得其反的效果。虽然从表面上看,贸易摩擦的程度可能暂时缓和了,但实际上中国产业的空心化问题却变得日益突出了,因为当下我们由于教育和研发的能力与制度的缺陷,大多数企业缺乏与美国在高端产业上竞争的实力,所以,最终竞争的结果让我们很多迫于政府产业升级压力的民营企业,基金资本要么进入虚拟经济"赚快钱"的领域,要么被迫升级以后持续不了,最终也只能退出自己"不擅长"的高端产业或高端制造环节,由此给中国经济所带来的资源配置浪费和扭曲的后果,将是长期的和十分严重的。未来即使世界经济真的开始复苏了,但我们却因为这些年来造成的产业空心化问题,很容易在流动性泛滥与世界经济繁荣的大环境下,快速形成资产泡沫的格局,很快就会让我们陷入当年广场协议后形成的、至今为止也难以自拔的"日本病"的泥沼中。

总之,我认为,危机中世界各国更应该加强互相合作,尤其要根据"比较优势"的原理来优化全球贸易的结构,而各国关起门来搞"结构调整",效果可能适得其反。

解读中国经济增长放缓的意义[①]

在欧美经济日益疲软的大环境下,在政府推行的积极的财政政策力度减弱和货币政策进一步趋紧的格局下,中国经济似乎正在失去以往推动我们增长的"全球化红利"和以改革开放为特征的"制度红利",不仅如此,具有国际竞争力的中国制造业也在面临着"人口红利"和"资源红利"减弱所带来的严峻挑战。从刚刚公布的 2011 年关于中国的物价和经济增长率(下降)等各项关键指标中,我们也能意识到:中国经济现在到了需要抗衡短期经济通缩(长期经济滞胀)风险、确立具有市场活力的可持续发展模式的十字路口。尽管从理论上讲,发展模式的转型和产业升级的努力需要我们放弃以往"粗放型增长方式"所带来的贡献,所以对于经济指标的疲软,社会不应该有过度悲观的反应,但是,忽略中国社会目前所处在的发展阶段的约束,忽略民营经济这个市场主体在转型中所发挥的关键作用,忽略金融体系的健康与成熟度对社会大众创造和积累财富所具有的至关重要的意义,那么,今天投资的放缓和消费的疲软所造成的全球 CPI 和 PPI 价格指数的连续下滑现象,就不一定能够通过对前期通胀压力的释放和负利率问题的缓解等利好因素,唤起未来中国企业为推动产业升级所需要的创新动力,也不一定能够让社会大众在对未来充满乐观的预期下提升自己消费水平,从而达到繁荣内需市场的效果,更不一定能做到让集中在虚拟经济部门和海外游走的民间资本重新回到促进就业和社会和谐发展的实体经济的

[①]　本文首次发表于 2012 年 1 月 17 日。

舞台中。

所以,针对上述中国经济的现状和所面临的挑战,我觉得中国经济顺利闯关的秘诀是:拿投资、抗危机;抢时间、换内需。为此,当务之急是中国政府应该在如下几个方面需作出更大的努力:

首先,给中国企业减税,尤其是给下游具有国际竞争力的制造行业的企业减税。如果政府感到这样做会增加政府的开支,在预算上无法平衡,那么,我们可以采取非对称性的税收结构调整的方式来推进,即增加上游垄断性行业的税收来"补贴"下游竞争激烈的制造业和服务业的成本负担。否则,由此带来的大量下游制造业和服务业资本的退出会增加今后虚拟经济非理性繁荣的风险。另外,个税起征点和最低工资水平的上调固然重要,但是企业的税负降低更为重要,只有企业的生存空间得到保证,个人的财富增长才会有寄托,政府的税源才能厚实,否则,靠最低工资和社会保障就能让有劳动能力的民众过上舒适的日子,那么,中国经济迟早也会走向与南欧那些缺乏活力、患上"高福利综合征"的国家一样进入不可收拾的动荡局面。

其次,整顿以物流业为代表的上游垄断行业的扩张态势和"以价补量"的盈利模式,并提高上游行业对民企的开放程度,通过上下游企业公平竞争环境的构建,来确保下游制造业和服务业的生存空间。这里需要注意的是,在某些情况下,即使处在下游的少数国企、央企和大型民营企业有能力吸收高成本的进货方式而暂时不以抬高价格来转嫁成本,但是,若任由这种排斥竞争的扭曲的经营模式发展下去,就必然会挤出大量暂时弱小但有发展潜力的民营企业。最终,行业一旦形成垄断,就一定会以各种高定价的方式,把前期积累的成本负担都转嫁到没有选择余地的消费者头上,这样一来,对人均收入还处在较低水平、对价格变化十分敏感的中国大众而言,政府所期待的"刺激消费"的效果就会变得更加难以实现。

最后,开拓企业多元化的营销市场来摆脱当下中国内需客观上渐进发展的格局所带来的消费不足问题。如果企业的利润无法通过市场的消化来得以保证,那么,中国经济下滑的态势就会动摇市场对未来乐观的预期和克服困难的信心。日本泡沫经济崩溃后,日本政府曾花费巨额资金来推动本国金融体系改革和产业竞争力的进一步提升,但是由于所有的"转型努力"都是在一个没有增长的环境中推进,结果除了让自己背负了巨额的财政赤字以外,并没有得到政府所期待的改变市场悲观情绪的结果。中国政府今天要吸取日本的经验教训,不要小视经济增长下滑所可能留下的长期化的负面影响。

为此,要尽量从两方面来确保企业的盈利能力和增长的步伐。一方面是对外坚持自由贸易的理念和强化国际合作的战略,让中国企业继续发挥其享有的国际竞争力,而且,在危机时代,包括欧美国家在内的全球市场会更加注重商品的性价比,只要没有人为的贸易保护主义的制裁措施及人民币汇率和工资水平过度的上涨,那么,中国企业将是这场危机的最大得益者之一。另一方面是确保国内所有企业都有公平竞争盈利的环境,增加政府公共事业消费中国产品的比重。努力保护消费者利益和完善良好的消费环境,让少数的中高收入阶层群体能够在国内安心地大量消费,率先体验企业创新所带来的幸福快乐,并由此带动企业的发展和中低收入阶层的就业与创造财富的机会。

虽然中国经济距离步入"创新型"社会和"高消费"时代还有一段漫长的艰苦历程要走,操之过急可能会适得其反,但是这不等于我们现在就可以放松完善这种高质量的"稳态增长"所需付出的前期努力。首先,为了形成大量创新型的实用人才,中国政府更应该付出大量精力和财力来改革现有的教育体系,增强研发机制。否则,"人口红利"随着时间的推移渐渐消失不等于我们就可以自然过渡到知识密集型和资本密集型的高端产业中。其次,社会保障制度的缺失和社会福利资本的低效运营都可能会造成中国社会整体抗衡风险能力的衰退和由此产生的过度储蓄的现象。再次,针对当下城乡发展的失衡格局、个人贫富差距的扩大现象等,若没有一个健康的激励机制和市场化的收入再分配的合理渠道加以缓解和消除,那么,中国经济的转型成本和成功概率就会大打折扣。最后,为了尽快让中国的贫困地区和中低收入阶层人民完成他们的原始财富积累,从而顺利步入现代化社会和中产阶层群体中,中国金融体系的健康发展与否将起到至关重要的作用。不管怎样,目前投资方面我们所具有的比较优势(发展中国家谋求财富增长所形成的内生动力),确实能给中国经济探索可持续的发展模式,赢得培育内需、深化改革所需要的宝贵时间和增强自信、齐心协力所不可或缺的良好的外部环境。

总之,2012 年将是一个充满悬念、充满挑战和充满机会的一年。中国经济能否突破重围更上一个新台阶,关键取决于我们决策部门对大势的判断能力和大度包容的胸怀,取决于中国社会上下奋发前行的凝聚力,更取决于我们按部就班、推进改革开放政策不可动摇的耐力。

中国经济的"新增长点"在哪里?[①]

今天全球经济摆脱金融危机的真正"突破口"就是要尽快寻找到能够使各国达成"共识"的"新增长点",而且,各国都希望在下一轮经济增长的周期中确立好自己的主导地位,不至于让自己的国家在经济全球化的大环境中处于收益和风险分配的劣势地位。今天,中国政府也在积极地通过"区域经济"和"战略性新兴产业"相结合的发展战略来探索中国经济的"新增长点",以此推动经济结构调整的步伐,进而彻底改变危机前中国经济对外依存的增长方式(近日已

---

① 本文首次发表于 2010 年 7 月 27 日。

划定了 8 大经济圈,而 13 个区域发展规划又相继上升为国家战略)。显然,这样的发展战略在改变危机前的增长模式所带来的负面效应上起到了不可否认的积极作用:

首先,过去渐进式的改革开放的做法,谱写了一曲中国经济高速增长的凯歌,让人口庞大的中国社会在"农民工进城"和"外资引进"的有机结合过程中,发挥出了史无前例的出口产品的国际竞争力,从而使中国大众靠这种社会财富的不断积累方式,基本摆脱了其温饱不足的贫困状态;然而,让一部分人先富起来的强国政策,今天却留下了沿海城市和内地城市之间发展水平的失衡,以及行业之间、城乡之间、劳资之间收入差距扩大等"不和谐"的问题。因此,现在通过农村城市化、工业化的区域经济发展战略来增加城乡居民的就业机会和收入水平,就是对以往"不和谐"的增长方式所作的一种修正,对地区发展的"不平衡"状态所作的一种"结构调整"。

第二,配合区域经济发展的战略性新兴产业的政策制定就是为了改变过去区域发展"同质化"的问题。危机前,地方政府为了解决当地就业、增加经济发展所需要的税收来源,就不顾当地的资源条件、比较优势和长期发展所需要的可持续的投资环境这类问题,争先恐后地招商引资或"透支"自己的偿付能力,大搞"形象工程",结果,高能耗、高污染、低附加价值的生产方式中所隐藏的财富创造的"代价"问题和收入分配扭曲的问题被严重低估了;危机后,这种问题又以新一轮"同质化"的"铁公基"项目的投资扩张以及由此引起的"地方债"膨胀的形式出现了。为了摆脱长期以来这种"好大喜功"的低效率投资行为,充分调动各地经济发展的活力,中央政府开始兼顾各地的区域优势特征,挖掘出一系列有利于各地可持续发展的"新兴产业",并相应推出有利于产业集群、城市集群的优惠政策,从而提高中国社会整体抵御内外冲击的能力。

第三,过去地方政府本位主义思想严重,全局平衡发展的意识淡薄,结果造成各地政府竞相比拼,GDP 虽然上去了,但重复建设、互不配合所造成的严重的资源浪费问题已经引起了海内外人士的高度关注。现在,通过推行"区域经济"和"新兴产业"的发展战略,就是力图充分发挥各地的"比较优势",形成国内有效的"合作与分工"机制,从而降低不必要的"同质化"生产和"重复建设"所带来的恶性竞争和资源浪费的现象。为此,对地方政府行政绩效的考核,就要从过去单纯的 GDP 总量考核改变成对同一个区域内人均收入的差距、公共服务的均等化这类经济和谐发展"质量"指标的考核。

但是,如果我们要想达到上述这些我们期待的"理想效果",一定不能忽视今天中国经济所处的发展阶段,一定不能轻视对参与这场新战略的各方"利益群体"赋予有效的"激励约束"机制,一定不能跳跃为保证这一新战略有序健康地发展而必经的准备阶段(渐进式改革的特点)。否则,今天我们对"新增长点"的探索和经济活力的培育将会以另一种形式的"资源浪费"——或出现更严重的滥用职权和贪污腐败行为,或因为人才、资源、制度甚至"价值观"的匮乏,而让我们这一轮改革的主体在参与这轮结构调整过程中都感到"力不从心",甚至过了一段时间,因为外部环境出现了对自己有利的变化而又重操"旧业",把已经积累起来的、越来越严重的矛盾再次留给"未来"。

比如,今天一些地方政府如果不充分调动当地有限的资源,那么,区域之间的比较优势就可能没有明显到需要那么多城市群同时去大力发展"城市化经济"的地步。而此时,如果政府刻意强调同时推进城市化建设的方针,看上去政府主导的"和谐发展"的目标暂时实现了,但是,从长远来看,它可能是以牺牲原来资源相对丰富、比较优势相对明显的部分区域所形成的高效发展作为代价而形成的,其结果是,在经济全球化的环境中反而可能削弱了中国经济整体应有的持久的活力和竞争力。所以,千万要避免有些地方政府不顾自身的发展条件、为争夺国家有限的经济资源而巧立区域规划的名义这类破坏效率的行为(有些地方政府生怕自己所在的区域没有纳入国家重点发展的版图中而拼命游说中央政府)。否则,很容易人为地造成一些原本有活力的城市因为出现"农民工荒"而不得不接二连三地"涨工资"的现象,进而导致相当一部分受到利润打压的"产业资本"慢慢地转向追求短期财富效应的"金融资本",给国家的宏观调控政策带来不可低估的挑战。

另外,没有精心设计过长远规划的地方政府很容易随大流,搞"形象工程",结果在残酷的竞争面前因为缺乏自己区域的核心竞争力而败下阵来,最终还是和以前一样,将宝贵的资源挪为他用,根本无法实现它们自己制定的"宏伟"目标。最近我在地方调研的过程中注意到,国内很多地方政府不管自己的人力资本和投资条件是否具备,都在大搞新能源产业,结果后来才意识到很多从国外"转移"过来的新能源产品的制造环节,实际上在生产过程中要比传统行业还要耗能。而且各个地区为了争夺这样的订单,还不得不对外商拼命"让利"来排除和自己竞争的其他国内企业,造成的结果就与其他加工贸易行业的情况一样,只能得到很低的附加价值。从某种意义上讲,这样的"产业升级"完全是徒有虚名的。

总之,今天我们在探索中国经济的可持续发展模式和经济增长的新动力时,应该多在制度上支持劳动力从资本匮乏的地区流向资本较为密集的地区;应该打破行政的垄断,提高"农村土地"在资源配置中的经济效率,并鼓励有竞争力的民营企业进行跨区域、跨行业的投资和并购行为,从而增强区域经济发展的市场活力(近日国务院已发布了鼓励民资新36条实施办法与分工的通知);应该为有条件的企业的"产业升级"提供必要的信息服务和提高行政审批效率;更应该尊重和支持一部分地区的企业家根据自己的比较优势所作出的出口立业的战略,而不能不顾地区发展的阶段特征,千篇一律地搞形式上的、不可持续的且缺乏竞争力的"产业升级"或"结构调整"。

中央经济工作会议的新意①

2008 年美国金融创新的滥用所引发的全球金融大海啸,不仅中断了世界经济在失衡结构中的增长势头,而且也让缺乏抗周期调整能力的南欧产业和支撑其高福利水平的财政赤字平衡都受到了沉重的打击。尤其是今天由此造成的欧洲主权债务危机正在迅速影响着欧元区整体的经济活力及其银行业的稳健性,从而会进一步损害到长期以来由美元与欧元主导的国际货币体系的稳定。虽然,四年来为了修复金融危机给美国金融体系的借贷双方所造成的资不抵债的巨大压力,美联储不遗余力地大搞量化宽松的货币政策以谋求经济尽快复苏、就业率早日提高的救市效果(刚刚出台的 QE4,其目标更是明确地定位在解决就业和摆脱通缩这两大指标上),但是,现在欧美经济需求的深度疲软和美元与欧元币值及其流动性的巨大波动却给中国等新兴市场国家的经济增长方式带来了巨大的挑战。与此同时,美国今天在"财政悬崖"问题深化和高失业率状态下的经济微弱复苏,不但不能给中国经济缓解外部的压力,而且还在以更加频繁的制造中美贸易摩擦的保护主义方式来遏制中国的出口,以实现奥巴马提出的、能够给美国本土带来就业曙光的"再工业化"目标。为此,面对当前错综复杂的内外形势,2012 年 12 月 15 日至 16 日在北京举行的中央经济工作会议提出了"必须全面深化改革,坚决破除一切妨碍科学发展的思想观念和体制机制障碍;必须实施更加积极主动的开放战略,创建新的竞争优势,全面提升开放

---

① 本文首次发表于 2012 年 12 月 17 日。

型经济水平"的战略方针。以下,就针对这次中央经济工作会议的精神,重点谈一下我对"创新驱动和转型发展"过程中金融改革重要性的认识。

一、应对错综复杂的形势金融改革刻不容缓

面对这次中央经济工作会议上所指出的错综复杂的世界经济的动荡格局,我们一定要清醒地梳理清楚三种不同性质的矛盾,对症下药。否则,不尊重市场经济规律,盲目行事,不仅事倍功半,而且事与愿违,得不偿失。

首先是结构性的矛盾,集中体现在全球化红利、资源红利和人口红利开始出现不同程度的单边衰竭趋势时,中国现有产业结构和制度安排下的外需主导增长方式是否会面临巨大的阻力？而跳跃客观的发展阶段和无视禀赋约束下的比较优势原理来推进企业自律性的产业升级和结构调整是否能如愿以偿？

其次是周期性的矛盾,集中体现在实体经济部门企业利润下滑、融资困难、投资意愿不足;而在虚拟经济部门却出现流动性泛滥、价格扭曲、投机行为加剧的现象。虽然这里提到的流动性泛滥是前期泡沫经济膨胀和事后政府大规模救市所产生的后遗症,但是,脱离经济基本面的支撑却被大量"激活"的金融资本和产业资本,今天一起绕开了正在不断"去库存"和"去杠杆化"的实体经济部门,都奔向稀缺的全球资源市场,或去波动的国际金融市场与脆弱的新兴市场寻求短期套利的机会,这种投机现象给各国生产部门的复苏造成了成本上升和销售环境恶化的不良后果,尤其作为世界制造大国的中国,更是出现了让宏观调控政策左右为难的"钱流"和"钱荒"并存的状况。为此,中央经济工作会议确立了明年"宽财政、稳货币、压投机"的宏观调控基调,即通过给企业减税和增加解决民生后顾之忧的财政支出,来释放企业投资和居民的消费潜力。同时,再利用提高货币政策的有效性和控制资产泡沫的做法,来引导虚拟经济部门过度膨胀的资金进入到因"钱荒"而投资不足的实体经济部门(这次中央经济工作会

议又再次强调"要继续坚持房地产市场调控政策不动摇"的"价值观"取向）。

最后是外部性的矛盾。由于建立在信用基础上的各国消费、投资、贸易和政府支出之间的"相互平衡机制"被打破，于是针对自己不同性质的经济结构失衡所带来的尖锐矛盾，各国政府都采取了程度不同的救市干预政策，甚至很多向市场注入流动性的货币救市政策给发展中国家造成的负面影响要远远大于对拥有货币主导权的发达国家的影响。而且，欧美发达国家更是利用他们在国际金融和世界经济舞台中的"话语权"，不顾中国等新兴市场国家的发展阶段对现有"一刀切"的平衡调整思路的消化能力，一味强化国内贸易保护主义的措施和国外利己性的市场开放要求，以达到缓解他们进行结构调整所带来的财政压力和经济"硬着陆"风险上升的效果。这种站在自己国家利益至上的立场上所推进的缺乏"共赢"的国际政策协调方式，确实增添了世界经济利益不断分化的复杂性，给中国这个"务实型"发展模式所造就的世界经济第二大国带来了不可低估的挑战。最突出的问题莫过于来自于大宗商品市场的输入型通胀与通缩压力，以及海外游资短进短出所产生的外汇占款的大幅波动，从而导致既要保持币值和价格稳定、又要确保经济增长和就业目标的我国货币政策等宏观调控措施的效果大打折扣。

因此，我们一方面要认识到，全球"失衡发展"的格局一旦破裂，上述各种矛盾的叠加效应就会接踵而来，不能心存侥幸、消极应对，而是应该抓紧时间、抓住机遇，从制度改革着手去打造市场活力，化解矛盾、消除矛盾。但是另一方面，我们也要实事求是，尊重科学发展规律，选好调整时机，谋求共赢的国际合作方式。

事实上，这次中央经济工作会议提出的"以提高经济增长质量和效益为中心，稳中求进，开拓创新"的要求就是主动应对外部严峻的挑战、改变内在增长方式的具体表现。这里我们把经济工作会议上提出的"坚决守住不发生系统性和区域性金融风险的底线"这一要求作为重中之重、刻不容缓的改革任务拿出来深入讨论，是基于以下几大关键的因素：第一，发达国家抗衡经济"硬着陆"的救市政策所造成的"流动性泛滥"的后遗症，需要由金融部门大力扶持而形成的新一轮充满活力的实体经济的发展才能加以吸收。第二，只有金融体系健全发展，才能化解全球资产价格大幅波动、融资环境日益恶化的金融风险，才能抗衡在阶段性的周期下行调整过程中投机资本对产业资本的"挤出"效应。否则，改革开放30多年所积累起来的中国经济的硬实力会因为暂时性的周期调整而出现不可逆转的产业空心化趋势，甚至有可能落入当前学术界热议的"中等收入陷阱"。第三，处理好"金融效率"和"金融稳定"之间、"金融创新"和"金融监管"之间的动态"平衡关系"，在当前日益活跃的国际货币体系"重组"和全球资产和货币价值"重构"以及国际金融资本投资组合"重置"的过程中显得尤为重要。为此，我们要努力提高中国金融业的核心竞争力、中国货币政策的有效性和中国财富管理的稳健性，避免因中国金融的脆弱性和"实质不对等"的对外开放要求所带来的全球范围内对中国产生的不公平的收入再分配效果（这是一种更为严重的国有资产流失的形式）——它可能以没有战争硝烟的"套利形式"来实现，也可能以不公平的"交易条件"来转移，更可能以让中国经济付出"单边硬着陆"的代价来获取。一句话，"稳中求进"才是我们金融改革应该坚持的总基调。

二、金融改革方案的选择要继续立足服务于实体经济

中国金融的发展从规模和结构上看今非昔比，随着改革开放30多年所创造的丰硕成果的日益积累和金融危机对全球金融体系产生的不对称冲击，中国银行业的资产规模和股市的市值水平，和中国经济的生产总值一起都跃居到了世界的前列，尤其是中国加入WTO，融入到了全球化体系之后，中国银行业和资产市场的多元化结构以及金融产品日新月异的创新速度都发生了非常显著

的变化。不仅如此,大量为了分享中国全球化红利的外资金融机构也纷纷汇聚到中国,从而进一步提升了中国经济在国际金融市场中的影响力。但是,尽管如此,和中国制造业的国际定位一样,我们创造高附加价值的金融服务能力和发达国家的金融体系相比还有很大的差距,欧美国家爆发危机的根源在于"金融创新滥用",我们受到牵连则是因为"金融创新不足"。正如这次中央经济工作会议所指出那样,未来中国金融的发展要为中国经济的转型(即降低对外依存度)和产业链定位的优化(即增加靠要素回报创造财富的软实力)作出应有的贡献。具体而言,有以下五点:

第一,发挥一线城市金融人才和专业技术的比较优势,大力培育像美国硅谷那样的"企业家金融"的发展模式(美国有世界一流的大学研究力量,"直接金融"服务科技创新能力举世瞩目),即靠创新企业自身的高收益回报来作为金融服务的收益来源,而不是基于这类企业的利润潜在增长预期来推动的市场中资本利得的膨胀来索取纯粹靠"前期概念"支撑的金融服务的"高收益"。何况欧美真正靠无形资产打造企业价值、处在创新期的大多数企业根本就没有上市的策略,而这类企业的专业化金融服务恰恰最为需要也最为关键。但诸如"私募基金"和"纳斯达克"之类提供的"金融服务",只有到了企业开始确立自己的知识产权,愿意寻找上市机会进一步进行产业孵化的时候,它们才介入进来分担风险牟求收益。所以只有形成"企业家金融"这样的模式,才能真正达到扶持"人才主导"的创新型小微企业的成长,实现产业升级的宏伟目标。可是,不少中国的 PE 和现在低迷不振的创业板恰恰是在缺失"企业家金融"模式的情况下去开展 IPO 服务来牟求高回报,结果出现了让一般投资者承担劣质机构和企业圈钱的"过度风险",进而导致无辜的百姓对这类"金融创新服务"失去了信任的恶果。

第二,加快中国产业组织的优化调整,强化民营企业和国有企业、民间金融和民营企业之间的合作机制,努力塑造像中韩银行业那样的"供应链金融"(在这些国家,很多知名的大企业靠自己的品牌和规模冲在了全球市场的第一线,而国际竞争力的提高所需要的技术密集型的研发和相关零部件的制造,则外包给与自己关系密切的、处在上游的国内中小企业。于是,这些中小企业家只要兢兢业业,把自己擅长的本职工作做好、做强,就根本不需要担心资金和市场——因为大企业会靠自己的抵押能力从银行获取低息的资金来扶持自己,靠自己的市场占有率的扩张来确保这些中小企业的订单)和像德国银行业那样的"关系型金融"(我今年连续两次去德国考察和开会,发现德国的农村现代化和劳动力市场工资弹性化以及大量中小银行针对自己固定的中小企业客户群所开展的专业化和差异化服务,是确保德国制造业在残酷的国际竞争面前永葆青春的秘诀所在;他们的银行之间和企业之间没有出现破坏价格、争抢客户的恶性竞争,银企之间保持了非常稳定的信用关系。尤其值得注意的是,德国中小企业大多数选择不上市)的商业运作模式,解决中国企业的投资渠道和大量中小型民间企业融资难的问题,从而有利于解决正规金融体系外的资产泡沫问题,促进产业资本重新回到实体经济的舞台。直到今天,成本压力比我们更沉重的德国、日韩企业,都还在不断摸索创新之道来对冲劳动力成本的上升压力,坚持自己擅长的制造业,中国就更没有理由放弃制造业去寻找自己没有国际竞争力也不不擅长的其他谋生之道。

第三,充分利用一线城市金融市场、金融机构和金融产品集聚一身的明显优势,在确保优质企业团队稳定主板市场价值以及完善和规范各种激励与风险防范的制度基础上,营造专业化机构为民理财、协调和造福的现代"财富金融"(2008年之前美国的高消费现象,也是因为房价上涨所带来的"财富效应"才能让美国居民随心所欲地透支和消费;现在美联储推行第四轮量化宽松货币政策更是期待通过房价回暖来推动各州人口的流动,通过就业机会的增加和资产价格的修复来提升美国经济的市场活力。中国今天的人均年收入水平只有5000美金左右,即使不考虑贫富差距因素,也达不到曾经支撑中国出口市场繁荣的那些发达国家的十分之一。所以，今天中国"工资性收入"的增长带动的不是消费而是追求财富收入增长的投资，M2/GDP 达到近 200％就足以说明这个问题。也就是说，中国只有强化金融改革来不断提升财富效应，我们才能真正看到中国消费时代的到来。而目前中国"消费贡献率"的上升则是由于投资和净出口的明显下滑引起的经济增长放慢所致，而不能乐观地把它们看成是"中国内需已经形成"的指标）和"消费金融"模式（要强化"资产证券化"等金融创新的能力来分散这类高收益高风险的"差异化金融服务"所带来的对金融体系造成的不稳定冲击；尤其要注意在如今中国的发展阶段，如果财富金融没有发展到位，那么消费者很有可能会滥用"消费金融"的服务平台去完成他们渴望的"财富金融"平台上的投资需求，比如透支信用卡套现买房子等。从这个意义上讲，中国的消费金融业务风险管理要求会变得更高），从而让日益增长的财富效应和顾客需求导向的专业化服务来推动中国内地市场的消费水平健康成长。

第四，掌握"先行先试"的主动权，利用上述"企业家金融"平台、"关系型金融"环境和"消费者金融"模式所提出的多元化市场和金融服务的高要求，来推动中资企业"走出去"战略和上海国际金融中心的建设，从而稳步打造国家金融安全和实体经济繁荣所需要的以"人民币国际化"为方向的"全球化金融"模式。在这个问题上，人民币升值和资本账户完全开放不等于我们就可以更有力地去实现人民币国际化的目标。要知道，20 世纪 80 年代"日元国际化"和 21 世纪欧元的诞生和发展都付出了沉重的代价！

第五，在"企业家金融"平台和"消费者金融"的市场环境以及"全球化金融"的运作体系中，探索发展高质量的"城镇化"和管理外汇储备以及社保资金等公共资金投融资需求所渴望的、符合科学规律的"政府金融"运营模式（千万要杜绝地方债问题和权力寻租的腐败现象重演！这里，我建议要大力发展"城投债市场"和科技企业发行的"高收益债券市场"，通过委托专业化的金融管理团队的运作和完善的监管制度的建设来解决今天地方政府"事权缠身而财权萎缩"的问题,确保资金使用的效率和安全,从而真正解决未来养老金缺口、外汇资产缩水等问题),以分担社会大众的后顾之忧,从而确保中国经济可持续增长的发展势头。

图书在版编目（CIP）数据

中国经济的"新增长点"在哪里？：孙立坚谈中国金
融改革 / 孙立坚著 . —杭州：浙江大学出版社，
2014.2
ISBN 978-7-308-12317-4

Ⅰ . ①中… Ⅱ . ①孙… Ⅲ . ①金融改革－研究－中国
Ⅳ . ①F832.1

中国版本图书馆 CIP 数据核字（2013）第 235795 号

中国经济的"新增长点"在哪里？
——孙立坚谈中国金融改革

孙立坚　著

策　　划	杭州蓝狮子文化创意有限公司	
责任编辑	胡志远	
文字编辑	杨　茜	
出版发行	浙江大学出版社	
	（杭州市天目山路 148 号　邮政编码 310007）	
	（网址：http://www.zjupress.com）	
排　　版	杭州中大图文设计有限公司	
印　　刷	浙江印刷集团有限公司	
开　　本	710mm×1000mm　1/16	
印　　张	13.25	
字　　数	175 千	
版 印 次	2014 年 2 月第 1 版　2014 年 2 月第 1 次印刷	
书　　号	ISBN 978-7-308-12317-4	
定　　价	38.00 元	

浙江大学出版社发行部联系方式：0571－88925591；http://zjdxcbs.tmall.com